실패하는
비즈니스에는
이유가 있다

실패하는 비즈니스에는 이유가 있다

비즈니스의 실수를 일깨워주는 4가지 거울

2023년 6월 26일 초판 1쇄 발행
2023년 12월 15일 초판 2쇄 발행

지 은 이 | 이홍, 전상길
펴 낸 곳 | 삼성글로벌리서치
펴 낸 이 | 김원준
출판등록 | 제1991-000067호
등록일자 | 1991년 10월 12일
주　　소 | 서울특별시 서초구 서초대로74길 4(서초동) 삼성생명서초타워
전　　화 | 02-3780-8153(기획), 02-3780-8084(마케팅)
팩　　스 | 02-3780-8152
이 메 일 | sgrbooks@samsung.com

ISBN | 978-89-7633-126-7 03320

● 이 책은 2022년도 광운대학교 연구지원비를 받아 저술되었습니다.

삼성글로벌리서치의 도서정보는 이렇게도 보실 수 있습니다.
홈페이지(https://www.samsungsgr.com/) → SGR BOOKS

실패하는 비즈니스에는 이유가 있다

비즈니스의 실수를 일깨워주는 4가지 거울

이홍, 전상길 지음

삼성글로벌리서치

비즈니스를 한다는 것은 생각처럼 쉽지 않다. 벤처나 중소기업의 경우 충분한 투자금을 확보해 죽음의 계곡을 넘어섰다고 모든 것이 끝난 것이 아니다. 안심하고 숨을 고르는 순간 비즈니스를 노리는 또 다른 위험이 도사리고 있다. 대기업이라고 마음 편히 비즈니스를 할 수 있는 것도 아니다. 새로운 경쟁자나 기술이 등장해 거대 기업도 한순간에 무너질 수 있기 때문이다. 치킨집이나 편의점도 예외가 아니다. 이들을 운영하는 분들에게 물어보라. 비즈니스가 너무 어렵다고 고개를 절레절레 흔든다. 비즈니스란 시작하는 순간부터 새로운 위협에 노출되고 이들을 매일매일 헤쳐나가야 하는 연속선 위에 존재하기 때문이다. 그렇다면 어떻게 이런 험악한 환경 속에서 생존할 수 있을까? 이 책이 마주한 화두다.

이 책이 제시하는 답은 간명하다. '거울'을 보라는 것이다. 사람들에게 없어서는 안 되는 물건 가운데 하나가 거울이다. 밖을 나설

때 사람들은 거울을 한 번쯤 보고 나간다. 자신이 미처 알지 못하는 외모상의 문제가 있는지를 살펴보기 위해서다. 이 원리가 비즈니스에서도 반드시 지켜져야 한다. 몇 가지 이유가 있다. 첫째, 비즈니스에 잠재돼 있거나 드러난 문제의 원인을 찾기 위해서다. 둘째, 발견한 문제 원인을 어떻게 제거할지를 알기 위해서다. 셋째, 매일매일 공격의 고삐를 죄여 오는 경쟁자에 대처하기 위한 아이디어를 얻기 위해서다. 마지막은 새로운 비즈니스를 공략하기 위해서다.

이 책에서 말하는 거울은 비즈니스 모델이다. 경영학에서는 이미 알려진 개념이다. 하지만 이것을 비즈니스의 거울로 활용할 수 있도록 도와주는 지식은 부족하다. 비즈니스로 돈벌이가 가능한지를 판단할 수 있는 정도로만 활용되고 있다. 이 책은 비즈니스 모델을 비즈니스의 약점과 강점을 살피고 개선할 수 있는 거울로 인식한다. 불행히도 이런 시각에서 비즈니스 모델을 설명하는 책이 부족하다. 이 책이 쓰인 이유다.

이 책의 구성은 다음과 같다. 먼저, 비즈니스의 어려움을 보여주는 다양한 예들을 살펴본다. 다음으로 비즈니스를 비춰 보는 네 가지 거울을 설명한다. 고객과의 관계를 비춰 보는 거울이 그 첫 번째다. 비즈니스가 어려워지는 이유를 살펴보면 이 거울 보기를 소홀히 해 발생하는 경우가 많다. 두 번째는 고객에게 다가갈 제품이나 서비스를 만들어내는 생산 과정을 비춰 보는 거울이다. 불량은 없는지 고객이 원하는 디자인은 갖추고 있는지 그리고 우리만의 킬러역량은 있는지를 살펴보는 거울이다. 세 번째는 비용을 살펴보는 거울이다. 아무리 좋은 비즈니스도 비용이 과다하게 들면 비즈니스를 유지하기 어렵다. 이것을 비춰 보는 거울에 대해 설명한다. 마지막으로 수익을 살펴보는 거울에 대해 설명한다. 하나의 비즈니스에서도 얼마든지 다양한 방법으로 수익을 낼 수 있다. 하지만 현실을 보면 많은 비즈니스에서 단조로운 방식만이 활용되고 있다. 그래서 수익을 비춰 보는 거울에서는 다채롭게 수익을 낼 수 있는 방법에 대해 설명한다. 한편, 잘못된 방법으로 수익을 내는 경우도 있다. 네 번째 거울을 통해 어떤 방법이 잘못된 것이며 그 부작용은 무엇인지를 설명한다.

네 가지 거울 못지않게 이 책에서 중요하게 생각하는 것이 있다. 네 가지 거울을 보는 순서다. 고객관계→생산 과정→비용→수익 순서로 거울을 들여다봐야 한다. 망하는 비즈니스의 특징을 보면 거울 보기 순서가 어긋나 있다. 대표적인 예로 수익 거울을 살펴보고 문제가 있다고 판단되는 경우 비용 거울을 들여다보면서 비용 줄이기에 돌입하거나 고객가치를 줄이는 방법을 찾는 것이다. 이 책에서는 이런 방식을 좋지 않은 것으로 규정한다. 수익이 줄어들면 바로 비용 거울을 들여다볼 것이 아니라 고객관계 거울을 먼저 살펴보라고 권한다. 그런 다음 생산 과정, 비용, 수익을 살펴봐야 한다. 이것이 이 책에서 정의하는 거울 보기의 선순환구조다. 반대는 역순환구조로, 망하는 비즈니스에서 공통적으로 나타나는 현상이다. 비즈니스를 비춰 보는 네 가지 거울과 선순환구조를 이해하면 비즈니스를 위험에 빠뜨릴 가능성을 현저히 줄일 수 있다. 설혹 위험에 빠졌다고 해도 빠져나올 방도를 찾을 수 있다. 이 책이 주는 지혜다.

비즈니스 모델이 책의 중심 개념이 되다 보니 책이 어려울 것이라는 선입견을 가질 수 있다. 그러한 선입견을 줄이기 위해 이 책에서는 가능한 한 많은 예를 소개한다. 어떤 사례는 직접 관찰한 것이고 어떤 사례는 믿을 만한 출처를 통해 얻은 것이다. 이를 통해 독자들이 현장감을 가지며 책을 쉽게 읽을 수 있도록 했다.

책을 쓰면서 여러 분의 도움을 받았다. 미국 캘리포니아주 오렌지카운티에서 비즈니스를 하고 계시는 제이 서(Jay Suh) 대표와 삼성SDS의 이강민 박사에게 특별한 감사를 전한다. 이 책의 초고에 대한 좋은 피드백과 교정으로 많은 보탬을 주신 분들이다. 이 책의 출간을 흔쾌히 결정해주신 삼성글로벌리서치 대표님과 출판팀에도 고마운 마음을 전한다. 저자 두 사람의 대학원 지도교수는 같다. 카이스트와 고려대학교 교수를 거쳐 지금은 하늘나라에 계신 김인수 교수님이다. 그분의 엄격한 가르침이 있어 이 책을 쓸 수 있었다. 마지막으로 이 책의 시작부터 출간에 이르는 모든 길을 열어주신 하나님께 감사드린다.

2023년 6월

저자 이홍, 전상길

VALUE CREATION

제1부

COST MANAGEMENT

CUSTOMER RELATIONSHIP

성과가 나쁘면
하늘이 아닌
거울을 보라

REVENUE MANAGEMENT

제 1 장

실수와 실패를 구분하라

잘나가던 기업을 멈춰 세운 사소한 실수들

"나에게 나무를 자를 여섯 시간을 준다면
나는 먼저 도끼를 날카롭게 하는 데 네 시간을 쓰겠다."

_에이브러햄 링컨, 미국 16대 대통령

기업의 몰락, 일상이 되다

정류장에서 버스를 기다리거나 집으로 걸어가면서 주위의 상가를 살펴보자. 생각보다 큰 변화가 있었음을 알 수 있다. 얼마 전까지도 장사를 잘하고 있던 가게들이 문을 닫아 매장이 비어 있음을 발견할 수 있다. 비단 이런 일은 동네 가게에서만 일어나는 사소한 일이 아니다. 국내나 세계로 눈을 돌리면 지금 이 시각에도 망하는 기업들이 생겨나고 있다.

한때 한국의 길거리를 무수히 많은 화장품 로드숍이 장악했다. 미샤, 네이처리퍼블릭, 토니모리와 같은 중견 기업들뿐만 아니라 아모레퍼시픽이나 LG생활건강의 로드숍들로 길거리가 꽉 차 있었다. 하지만 지금은 이런 모습을 찾아보기 어렵다.

미샤는 2000년 설립된 뷰티넷이라는 인터넷 쇼핑몰 업체에서 출발했다. 당시 화장품 가격이 원가에 비해 턱없이 비싸다는 것에 착안해 저렴하게 화장품을 판매하는 사업으로 시작했다. 가격은 3,300원을 받았다. 우체국 소포비 정도만 받고 저렴하게 화장품을 판다는 의미를 부여하기 위해서다. 이런 방식이 통하자 이 회사는 저가 화장품 사업의 가능성을 봤다.

여세를 몰아 오프라인 사업에도 진출했다. 2002년 미샤라는 브랜드 매장을 이화여자대학교 앞에 개점했다. 이후 미샤는 화장품 로드숍계의 선두를 질주했으며 전성기 시절에는 800여 개의 매장을 전국에 개설했다. 하지만 설립 후 20년이 지나면서 매장 수는 400여 개로 줄어들었다.

미샤만 그런 것은 아니다. 아모레퍼시픽이 운영하는 이니스프리는 전성기 때 매장 수가 920개에 달했지만 2020년에 이르러서는 656개로 줄었다. LG생활건강의 더페이스샵도 최고 598개에서 2020년에 463개로 줄었다.[1]

이러한 변화의 원인으로 세 가지를 들 수 있다. 한때 젊은 소비자들을 붙잡았던 저가 화장품 구매에 변화가 생겼다. 20대의 청년 세대들은 돈벌이 수단이 딱히 없는 세대로 여겨진 탓에 일반적으로 가격이 저렴한 제품을 선호한다고 알려졌다. 하지만 이들에게 변화가 일어났다. 최저시급을 받기는 하지만 아르바이트를 하면서 소득이 생겼고, 소득을 자기 자신을 위해 사용하는 풍조가 유행처럼 번졌다. 소위 소확행 사고가 확산되기 시작한 것이다.

소확행은 적은 돈으로 누릴 수 있는 사치를 통해 확실한 행복감을 얻고 싶어 하는 심리를 말한다. 점심을 먹고 카페에 가서 점심

값보다 더 비싼 디저트를 커피와 함께 즐기는 풍조가 이때 생겨났다. 이런 심리가 확산되면서 심지어 돈을 모아 수십만 또는 수백만 원의 사치를 통해 행복감을 얻고자 하는 젊은 세대들이 증가했다. 그들은 두세 개의 아르바이트도 마다하지 않았다. 이러한 현상은 화장품 업계에 큰 영향을 미쳤다. 로드숍에서 파는 저렴한 화장품이 아닌 고가의 화장품이 주목받기 시작한 것이다. 자연스럽게 로드숍을 찾는 발걸음이 줄어들었다.

엎친 데 덮친 격으로 코로나19 사태가 터졌다. 치명률 높은 전염병이 삽시간에 전 지구를 덮었다. 국가들은 비상사태에 돌입했고 사람들의 왕래와 집합을 규제하기 시작했다. 한국도 예외가 아니었다. 코로나19가 미친 영향의 직격탄을 로드숍도 받았다.

전 국민이 마스크를 쓰기 시작한 것도 큰 타격을 입혔다. 얼굴의 절반 이상을 마스크로 가리다 보니 구태여 공들여 화장할 이유가 사라졌다. 로드숍에서 가장 많이 팔리는 립스틱 수요부터 크게 줄었다. 마스크가 입을 가리기도 하지만 마스크에 립스틱이 묻어 불편했기 때문이다. 코로나19 팬데믹은 또 다른 변화를 가져왔다. 정부에서 사람들이 모이는 것을 통제하다 보니 인터넷과 모바일을 통한 소비가 폭증했다. 화장품도 예외가 아니었다. 소비 패턴에 거대한 변화가 일어나자 로드숍들은 버티기 어려웠다.

국제적으로는 망하거나 어려워지는 기업들의 사례를 훨씬 많이 찾아볼 수 있다. 망할 것이라 상상할 수 없는 기업들도 이와 같은 일을 겪는다. 2000년대 초반까지만 하더라도 일본의 가전 업체들은 세계를 주름잡았다. '가전=일본 기업=품질'이라는 등식이 따라다닐 정도로 이들의 인기는 엄청났다. 베스트바이(Best Buy)와 같은 미국의 가전제품 양판점에 들어서면 소니(SONY), 도시바(TOSHIBA), 파나소닉(Panasonic)의 일본산 TV들이 매장의 전면을 장식하고 있었다. 이들 기업들이 망한다는 것은 도저히 상상할 수 없는 시절이 있었다.

하지만 이들은 오늘날 쇠락한 기업의 전형을 보여주고 있다. 일본의 간판 전자 기업 중의 하나이며 100년의 역사를 자랑하던 샤프(SHARP)는 2016년에 대만 폭스콘(Foxconn) 그룹에 팔렸다.[2] 도시바는 적자투성이인 TV사업을 2018년 중국의 하이센스(Hisense)에 매각했다. 평판 TV의 강자 파나소닉도 쇠락의 길을 걷고 있는 것은 마찬가지다. 파나소닉은 TV사업에서의 적자를 줄이기 위해 중국 TV 업체인 TCL에 중소형 TV를 위탁 생산해 판매하고 있다. 그러면서 연간 600만 대 정도의 자체 생산 규모를 40퍼센트 이상 대폭 줄였다. 소니도 고급형 TV에 집중해 TV 업체로서의 명맥만을 유지하고 있다.[3]

버버리(Burberry) 사도 허망하게 사라질 뻔한 기업 중 하나였다.[4] 이 기업은 전 세계인들이 선망하는 명품을 판매하는 영국의 세계적 기업이다. 영국을 관광하는 사람들에게 버버리 매장에서 옷 한 벌 사오는 것은 하나의 관광 공식일 정도였다. 또 멋을 아는 남자라면 체크무늬의 버버리 옷 한두 벌은 필수였다. 167년의 나이를 자랑하는 이 버버리도 죽음의 문턱을 넘어설 뻔했다. 버버리가 몰락 징후를 보이기 시작한 것은 1990년대 들어서였고 2004년에 이르자 몰락이 뚜렷해지기 시작했다. 그해 버버리의 매출은 전년 대비 30퍼센트 이상 격감하면서 죽음의 길로 들어서고 있었다.

도대체 기업들은 왜 몰락의 길을 걷게 될까? 이유는 다양하다. 산업 자체가 어려워질 때 이런 일이 일어난다. 특히 전자 업계에서는 비일비재한 일이다. 개인용 컴퓨터(PC)가 발전하면서 저장 매체도 함께 발전했다. PC의 초기 저장 매체는 플로피디스크(floppy disk)였다. 1971년 미국 IBM이 개발한 플로피디스크는 가로세로 13센티미터 정도의 동그랗고 얇은 자기 디스크를 얇고 네모난 플라스틱 외관이 감싸고 있다. 이것을 PC에 넣었다 뺐다 하면서 저장을 했다. 초기에는 저장 용량은 약 512킬로바이트 정도에 불과했지만, 플로피디스크로 IBM은 큰돈을 벌었다.

1976년이 되자 CD라는 저장 매체가 등장했다. 필립스(PHILIPS)와 소니가 개발한 것으로 컴퓨터용 저장장치로서뿐만 아니라 음악을 담아 재생시킬 수 있어 인기가 하늘을 찔렀다. 이후 DVD와 블루레이 디스크(blu-ray disk)라는 저장장치로 발전했다. 블루레이의 저장용량은 128기가바이트에 달했다. 다음으로 등장한 것이 메모리스틱(memory stick)이다. PC의 USB포트에 꽂았다 뺐다 하면서 사용하는 저장장치다. 플로피디스크나 CD는 플라스틱 원판에 기록을 저장하는 방식이었지만 메모리스틱은 반도체를 이용한 기술을 적용했다. 1984년 도시바에서 개발됐고 현재 대부분 이 저장 방식이 사용되고 있다. 저장매체의 변화를 살펴보면 저장매체 산업의 변화를 알 수 있다. 플로피디스크 산업은 CD에 의해 사라졌고 CD는 메모리스틱에 의해 대체됐다. 산업에 기술의 변화가 일어나면 해당 업계의 기업들은 몰락할 수밖에 없다.

하지만 산업 기술에 변화가 있다고 해서 모든 기업이 망하는 것은 아니다. 그보다는 경영 능력의 저하가 더욱 근원적인 이유다. 산업의 기술이 변화하고 있고 소비자나 새로운 경쟁자로 인해 경영 환경이 변하고 있음에도 이를 전혀 알아채지 못하거나, 알면서도 대책을 세우지 못하면 기업은 망할 수밖에 없다.

일본 전자 업체들이 몰락한 이유가 여기에 있다. 일본 가전 기업들은 가전제품의 생명은 고품질이라는 인식을 가지고 있었다. 기술만 앞서 있으면 어떤 시장에서도 경쟁자를 이길 수 있다고 생각했다. 이 전략으로 먼저 망가진 회사가 TV의 대명사였던 소니였다.

소니를 대표하는 TV는 트리니트론(Trinitron)이라는 브라운관 TV였다. 브라운관 TV는 TV 내부에서 전자총을 쏴 색상을 구현하는 초기 기술이 적용된 제품이다. 1897년에 독일의 브라운(K. F. Braun)이라는 과학자가 처음으로 원리를 발견했다. 이후 일본 TV 업체들이 브라운관이라는 단어를 쓰면서 브라운관 TV가 등장하게 됐다. 전자총으로 인해 TV의 두께는 60센티미터가 넘었다. 브라운관의 기술을 가장 잘 구현한 TV가 바로 소니의 트리니트론이었다.

트리니트론의 인기는 엄청났다. 그런데 문제가 생겼다. 2000년대에 접어들자 TV 기술에 변화의 바람이 불었다. 1997년 PDP(평판디스플레이패널)라는 얇은 TV 기술이 상용화되면서부터 두께가 10센티미터도 안 되는 TV가 등장한 것이다. PDP TV의 시작을 알린 것은 일본의 파이오니아(Pioneer)였지만 시간이 흐르자 파나소닉이 시장을 장악했다. 평판 TV는 TV 시장에 폭풍을 불러일으켰다. 60센티미터가 넘던 TV 몸체의 두께가 10센티미터로 줄어들자 소비자들의 TV 구매 행태가 급격히 변하기 시작했다. 브라운관 TV의 기술이 가진 또 다른 약점은 크기를 늘리기가 매우 어렵다는 점이다. 그에 비해 평판 TV는 획기적으로 크기를 늘릴 수 있었다. 소비자들이 환호하는 것은 당연했다.

PDP 기술이 등장하자 소니는 다급해졌다. 대안으로 30센티미터 두께에 크기도 키운 고급형 트리니트론을 내놨다. 하지만 소비자들은 소니 TV를 외면했다. 아무리 얇아져도 10센티미터의 PDP

TV를 이길 방법이 없었고 무엇보다 PDP TV보다 크게 만드는 것이 불가능했기 때문이다. 그렇게 소니 TV는 저물어갔다.

반면 소니를 이긴 파나소닉은 승승장구했다. 하지만 이 회사도 곧 문제에 봉착했다. LCD(액정디스플레이) 기술이 등장하면서 TV 기술이 다시 변하고 있었기 때문이다. PDP의 경우 화면 자체가 발광하면서 색을 구현하는 방식이라면, LCD는 미세하게 만들어진 창문이 백라이트(back light)라고 불리는 후면의 빛을 받아 열리고 닫히면서 색이 구현된다. LCD인지 아닌지를 확인하려면 화면을 꾹 눌러보면 된다. 화면이 눌리며 번짐 현상이 일어나면 LCD다.

2000년대 초반이 되자 LCD 기술이 PDP의 경쟁 기술로 떠올랐다. 한국의 삼성전자와 LG전자는 새로운 흐름에 올라탔다. 하지만 파나소닉은 PDP 방식을 고집했다. 이미 막대한 설비에 투자를 한 상황이었고 내부 엔지니어들이 PDP 기술이 고화질 색상 구현에 더 유리하다고 주장했기 때문이다. 하지만 소비자 입장에서 볼 때 PDP는 결정적 약점이 있었다. 화면이 발광하는 방식은 전기를 많이 소모했고 크기를 늘리는 데에도 한계가 있었다.

LCD는 PDP의 제약으로부터 자유로웠다. 초기 LCD 기술은 PDP를 쫓아가기 급급했다. 하지만 놀라운 속도로 PDP의 장점을 넘어섰고 급기야 2010년에 이르자 대세는 LCD로 넘어가기 시작했다. 이런 시장의 변화에도 불구하고 파나소닉은 PDP에 집착했다. 심지어 2006년에는 LCD에 대항하기 위해 2조 원이 훌쩍 넘는 돈을 신규 PDP 공장 설립에 투자했다. 규모의 경제를 이용해 가격 낮추기를 시도한 것이다. 하지만 이 투자 전략은 파나소닉에 독약이 됐고 회사를 침몰시키는 결정적인 계기가 됐다.

일본이 반도체 시장에서 자리를 잃게 된 이유도 유사하다. 도시바는 반도체 업계의 최강자였다. 이 기업이 몰락한 배경도 경영 환경의 변화와 맞닿아 있다. 일본의 모든 기업이 글로벌 시장을 석권하자 다급해진 나라가 있었다. 미국이었다. 1980년대로 접어들면서 미국 기업의 열세가 두드러졌다. 특히 일본 기업이 미국 시장을 마음대로 휘젓고 다녔다. 이로 인해 미국의 무역수지는 천문학적인 적자를 기록했다.

거대한 무역수지 적자로 국가가 위험하다는 인식에 이르자 미국은 강력한 수단을 취하기에 이른다. 1985년에 이뤄진 플라자합의(Plaza Accord)가 기폭제였다. 미국, 영국, 프랑스, 독일, 일본의 5개국이 모여 이룬 합의다. 미국을 제외한 4개국이 미국의 무역적자를 일으키는 주요 나라들이었다. 플라자합의의 목표는 4개국 화폐 가치를 절상시키는 것이었다. 이로 인해 엔화도 급격히 절상됐다. 1985년 1달러에 235엔이던 환율은 1986년 1년 만에 120엔으로 절상됐다. 환율 변화는 곧 해당 국가의 제품 가격 변화를 의미한다. 엔화가 두 배로 절상됐다는 것은 일본 제품의 가격이 두 배로 올랐다는 것을 의미한다. 일본 기업들은 난리가 났다.

한편 미국은 일본 반도체 기업들을 가혹하게 견제하기 시작했다. 일본 정부가 정부 보조 등 부당한 방법을 사용해 미국 반도체 산업을 위협했다고 생각했기 때문이다. 우선 미국 반도체산업협회가 미국 무역대표부에 일본 반도체 기업의 불공정 무역에 대해 제소했다. 여기에 발맞춰 미국 반도체 기업인 마이크론(Micron Technology)이 일본 반도체 기업 NEC, 히타치(HITACHI), 미쓰비시(MITSUBISHI), 도시바를 반덤핑 기업으로 제소했다.

결정적으로 미국 정부는 일본에 대해 반도체 전쟁을 선포하게 된다. 미국의 레이건 정부가 일본과 맺은 미일 간 '반도체 무역에 관한 협정'이 등장한 배경이다. 협정의 주 내용에는 일본 반도체 기업들의 생산 원가를 공개하고 일본 내 미국 반도체 업체의 시장 점유율을 20퍼센트까지 높이라는 조항이 포함돼 있었다. 하지만 일본은 미온적 대처로 일관했다. 이에 미국은 1987년 슈퍼 301조(미국통상법 301조)라는 강력한 무역보복법을 일본에 적용함으로써 일본 주요 상품의 수출을 틀어막았다. 결국 일본은 미국에 무릎을 꿇게 됐다.

미일 간의 반도체 전쟁에서 일본 반도체 최강자였던 도시바는 큰 충격을 받았다. 도시바의 대응 전략도 한몫했다. 도시바는 반도체 기술을 더욱 고급화해 비싸게 받는 전략을 취했다. 반도체 시장 환경에 변화가 없었다면 효과적인 방법이었겠지만 불행히도 시장 환경이 급격히 변하고 있었다. 당시만 하더라도 반도체는 주로 비싼 대형 컴퓨터 장비에 사용됐다. 대표적으로 엄청난 속도의 연산을 수행해야 하는 메인프레임 컴퓨터에 주로 사용됐다. 메인프레임 컴퓨터는 지금 사용하고 있는 PC와 달리 크기가 집채만 한 대형 컴퓨터다. 정부, 대학 또는 대기업 연구소에서 주로 사용됐다. 그런데 컴퓨터 시장에 지각변동이 일어나면서 변화의 바람이 불었다. 1980년대 중반 개인용 컴퓨터인 PC가 보급되기 시작했고 1990년에 들어서자 대세로 자리 잡았다. 보급형 PC를 주도한 선두주자는 미국의 애플과 IBM이었다.

일반 소비자들을 대상으로 한 개인용 컴퓨터에는 비싼 반도체가 필요 없었다. 값싼 D램 반도체면 충분했다. 일본 기업들은 변화를 무시했다. 고급 반도체를 만들어 비싸게 팔려고만 했다. 일본 기업들의 전략은 일본 반도체 업계를 송두리째 들어내는 역효과로 나타났다. 메인프레임 컴퓨터 시장은 점점 줄어들고 PC 시장이 급격히 팽창하면서 고급 반도체 시장은 사라지고 저렴한 반도체 시장이 폭발적으로 성장한 것이다. 도시바는 시장의 변화를 대수롭지 않게 판단했고 고품질 반도체 개발에 모든 돈을 쏟아부었다. 그리고 PC 업체들이 자신들의 제품을 사주기 바랐다. 결국 도시바의 반도체 사업은 몰락하기 시작했다. 비슷한 생각을 하던 다른 일본의 반도체 업체들 역시 몰락하기 시작했다.

경영의 실수를 줄여야 한다

물론 아무리 위대한 기업이라도 경영에 실패할 수 있다. 여기서 우리가 구분해야 할 단어가 있다. '실수'와 '실패'다. 두 단어는 그 의미가 전혀 다르다. 실패는 목적 달성에 이르지 못한 것을 말하는 결과적 단어고, 실수는 과정을 표현하는 말이다.

월드컵에 출전한 축구 국가대표 선수들이 아무리 최선을 다해도 경기에서 질 수 있다. 그렇다고 선수들을 나무랄 수만 없다. 사력을 다해 자신의 모든 것을 쏟아부었다면 오히려 다독여줘야 한다. 실수는 이야기가 다르다. 실수가 잦으면 당연히 실패한다. 축구의 기본인 패스에서 밥 먹듯이 실수하면 아무리 탁월한 축구팀도 경기에서 이길 수 없다. 경영도 마찬가지다. 기업 경영에서 실패했다고 무조건 비판만 할 수 없다. 문제는 실패 뒤에 숨은 치명적인 경영의 실수다. 이것이 실패의 원인이라면 질책을 받아야 한다.

'성공'이라는 단어도 비슷한 시각으로 바라봐야 한다. 성공에도 두 종류가 있다. '과정이 좋은 성공'이 있고, '과정이 나쁜 성공'이 있다. 엄밀하게 말하자면 후자는 성공이라 말할 수 없다. 과정이 나쁜 성공은 미래의 실패를 유도하는 '과정적 실수'에 불과하다. 만일 이를 성공으로 착각한다면 나쁜 과정이 미래에도 반복돼 결국에는 돌이킬 수 없는 실패로 끝날 가능성이 크다.

기업을 경영할 때도 성공과 실패를 전혀 다른 방식으로 들여다 봐야 한다. 성공했느냐 실패했느냐는 중요하지 않다. 얼마나 실수 했는가를 보는 것이 중요하다. 실수 없는 무결점 경영이란 있을 수 없다. 문제는 실수를 인지했음에도 불구하고 수정하지 않고 밀고 나가는 경영 방식이다. 실수를 바로잡지 않은 채 그냥 넘어간다면 언젠가 기업의 생명을 옥죄는 부메랑이 돼 날아올 것이다.

이런 점에서 살펴봐야 하는 기업이 있다. 앞서 살펴본 버버리다. 버버리는 과정적인 실수를 반복하면서 기업이 쇠락하고 있었다. 발단은 아이러니하게도 버버리의 전통이자 상징으로 자리 잡은 체크무늬 디자인에 있었다. 체크무늬는 버버리 디자인의 핵심이다. 하지만 시장에서 이상 징후가 나타나기 시작했다. 소비의 핵심 세력이 신세대로 이동하면서 체크무늬의 버버리는 '아저씨들의 브랜드'로 전락하고 말았다. 새로운 소비자들에게 버버리는 잊혀가는 명배우 같은 존재에 불과했다.

유통에서도 문제가 있었다. 버버리는 현지 업체에게 유통을 일임하는 전략을 사용했다. 판매망 구축에 큰돈 들이지 않고도 유통망을 확보할 수 있었기 때문이다. 그런데 경기가 나빠지자 부작용이 나타났다. 현지 업체들이 재고를 소진하기 위한 방편으로 떨이형 세일을 시도했다. 처음에는 소비자들도 세일에 열광했다. 하지만 세일이 일상화되자 조금만 기다리면 아무 때나 버버리를 더 싸게 살 수 있다는 생각이 소비자들에게 퍼지기 시작했다. 얼마 가지 않아 버버리는 세일 없이 판매할 수 없는 브랜드로 전락했다. 이런 상황이 반복되자 버버리는 소비자들에게 더 이상 명품이 아니었다. 체크무늬 디자인과 유통망 문제가 심각한 상태에 이르고 있었지만 버버리는 발만 구를 뿐 아무런 조치를 취하지 못했다. 그러면서 빠르게 몰락의 길로 들어서고 있었다.

그러던 버버리가 기적적으로 회생했다. 그 중심에 CEO 앤절라 아렌츠(Angela Ahrendts)가 있었다. 아렌츠는 2006년 버버리의 수장이 됐으며, 부임 후 놀라운 일을 벌였다. 가장 먼저 한 일은 그간 버버리가 범한 실수 두 가지를 교정하는 것이었다. 젊은 세대로부터 잃어버린 명품 이미지를 되찾는 것이었고 다른 하나는 스스로 명품 이미지를 망가뜨린 유통 전략을 개선하는 일이었다.

그는 먼저 버버리의 상징으로 통하던 체크무늬 디자인을 손봤다. 150여 년간 회사의 상징으로 여기던 것에 손을 대기란 결코 쉽지 않았지만 결행했다. 이를 위해 서른 살 청년 크리스토퍼 베일리(Christopher Bailey)를 수석디자이너로 영입했다. 그가 새로 론칭한 컬렉션 브랜드 라인이 바로 '버버리 프로섬(Burberry Prorsum)'이다. 프로섬은 이탈리아어로 '전진'이라는 의미다. 말 그대로 버버리의 '또 다른 전진'이 시작된 것이다. 엠마 왓슨(Emma Watson)을 광고 모델로 기용하면서 프로섬은 버버리의 새 역사를 쓰기 시작했다.

프로섬은 체크무늬를 사용했지만 더 이상 핵심 상징은 아니었다. 그 대신 말을 탄 기사 문양을 중심에 뒀다. 체크무늬는 바탕으로 밀려났다.

아렌츠는 유통망에도 손을 댔다. 해외 라이선스를 모두 회수하고 본사 직영 방식으로 유통망을 정비했다. 디지털 환경에도 대응했다. 고객들이 아이폰과 아이패드로 버버리의 패션쇼를 직접 볼 수 있도록 뉴욕, 파리, 도쿄 등 5개 도시에 생중계했다. 온라인 판매도 시작했다. 그뿐만이 아니었다. 전 세계에 흩어진 버버리의 협력사들을 CEO가 일일이 방문하면서 제품의 품질을 점검했다. 실수를 만회하려는 노력이 집중되자 버버리는 점차 회생하기 시작했다. 2008년의 금융위기로 명품 업계도 극심한 어려움을 겪었지만 버버리는 굳건히 자신의 자리를 지켜낼 수 있었다.

미국 유통업계의 최강자인 월마트(Walmart)도 버버리와 같은 회생 과정을 거쳤다. 월마트는 전형적인 오프라인 중심 기업이다. 수많은 슈퍼마켓을 미국 전역에 깔아 유통업계의 기린아로 불린다. 월마트는 그 유명한 '매일 저렴한 가격(Everyday Low Price)' 전략으로 업계를 평정한 기업이다. 하지만 2000년대 후반에 접어들면서 인터넷 기반의 전자상거래가 활성화되자 월마트도 위기를 맞게 된다. 2009년에는 미국 주식시장 시가총액 기준 10위 밖으로 밀려났다. 2016년에는 35년 만에 처음으로 연 매출이 뒷걸음질 쳤다.

위기 상황이 닥치자 월마트는 온라인 거래가 대세로 자리 잡았음을 인식하고 대처하기 시작했다. 먼저 2016년 제트닷컴(Jet. com)이라는 전자상거래 플랫폼 기업을 인수했다. 2017년에는 슈바이(Shoebuy)·무스조(Moosejaw) 등 온라인 패션몰과 온라인 남성복 스타트업인 보노보스(BONOBOS)를 인수했다. 2018년에는 인도 전자상거래 업체 플립카트(Flipkart)를 사들였다.

월마트는 인수한 기업들을 통해 전자상거래의 기초를 닦으면서 공격적인 전략을 취했다. 온라인 사업과 오프라인 사업을 연계하기 시작한 것이다. 대표적인 예를 소개하면 고객이 온라인 주문을 하면 매장 직원이 주문 물품을 고객의 차까지 실어주는 서비스를 도입했다. 또 아마존(AMAZON)과의 배송 경쟁에서 이기기 위해 미국 전역에 구축된 물류센터를 온라인 물품 배송센터로 전환했다. 오프라인 매장은 의료·미용·송금 등 각종 서비스를 원스톱으로 해결할 수 있는 '슈퍼센터'로 확장했다. 월마트의 피나는 노력은 결실을 맺었다. 2020년 코로나19 팬데믹으로 니만 마커스(Neiman Marcus), JC페니(JCPenney), 센추리21(CENTURY21) 등 막강한 오프라인 유통 기업들이 줄도산을 하는 상황에서도 월마트는 실적을 대폭 개선할 수 있었다. 위기에 적극적으로 대처함으로써 다시 예전의 유통업계의 총아로 회귀한 것이다.[5]

경영의 실수 줄이기 원리를 알아야 한다

일반적으로 경영 환경이 급격히 변화하면 기업들은 어려워지기 시작한다. 환경변화가 너무 혹독해 생존 자체가 도저히 불가능한 경우도 있다. 하지만 어떤 기업들은 이런 상황에서도 살아남는다. 방법은 여러 가지가 있다. 기존 사업을 완전히 버리고 새로운 사업 영역으로 뛰어드는 것이 한 방법이다.

대표적으로 후지필름(FUJIFILM)을 들 수 있다. 후지필름은 필름 사업을 목적으로 1934년에 일본에 세워진 기업이다. 2000년대 들어 디지털카메라가 보급돼 필름 소비가 사라지면서 경영에 어려움을 겪기 시작했다. 하지만 강력한 경쟁자였던 미국의 필름 업계 최강자 코닥(KODAK)이 사라진 것과 달리 이 회사는 살아났다. 지금은 기존 사업의 뒤를 이은 이미지 솔루션 사업뿐만 아니라 액정 소재, 의료기기, 복사기 사업을 개시했다. 심지어 화장품도 생산하고 있다. 자신들이 보유한 필름 기술 중에 여성들의 주름 개선과 관련 있는 콜라겐 기술이 있음을 알고 화장품 사업에 뛰어든 것이다.

삼성전자와 LG전자도 TV 기술의 혹독한 변화 속에서 살아남은 기업들이다. 두 회사는 전 세계적으로 TV 기술에 변화의 바람이 일자 재빠른 변신을 꾀했다. TV 기술이 평판형으로 바뀌자 브라운관 TV라인을 거둬들이고 후발이었지만 PDP TV를 출시했다. 또 다시 LCD 기술이 등장하자 PDP와 LCD 두 종류의 TV를 병렬 생산하면서 기회를 엿봤다. TV 시장이 LCD로 넘어가는 징후가 강해지자 LCD TV 개발에 미적거리던 파나소닉과 달리 삼성과 LG는 LCD 생산과 마케팅에 총력을 기울였다. 그 결과 TV 시장의 주도권은 두 회사로 넘어오게 됐다.

최근 두 회사는 OLED(유기발광다이오드)라는 새로운 기술에서 선두 경쟁을 벌이고 있다. OLED는 PDP나 LCD와 달리 자연색에 가까운 선명한 색상을 볼 수 있는 기술로, 유기물질을 발광체로 사용한다. 유기물질을 픽셀(pixel)이라는 아주 작은 공간에 넣어 색상을 구현한다. 현재 삼성의 갤럭시 스마트폰에 사용되고 있는 디스플레이가 OLED 디스플레이다.

왜 어떤 기업은 경영 환경의 변화 속에서 살아남으며 어떤 기업은 그렇지 못한 걸까? 앞서 소개한 이야기들은 마치 변화만 하면 기업이 살아남을 수 있는 것처럼 들릴 수 있다. 결코 그렇지 않다. 변화를 시도한다고 해서 모든 기업이 성공하는 것은 아니다. 어떤 기업들은 오히려 변화가 독이 돼 더 어려워지거나 망하기도 한다.

가까운 곳에서 사례를 찾아볼 수 있다. 한국의 제빵 업계에는 형제가 경영하던 두 회사가 있었다. 삼립식품과 샤니다.[6] 형은 삼립식품을 운영했다. 이 회사는 1964년 10원짜리 삼립크림빵으로 대히트를 치면서 한국 제빵 업계의 선두로 나섰다. 동생은 형이 운영하던 조그만 제빵 공장 하나를 물려받아 샤니라는 회사를 차렸다. 샤니의 매출은 삼립식품의 10분의 1에 불과했다. 하지만 이후 두 회사의 운명은 판이하게 갈렸다. 동생의 회사는 한국 제빵 업계를 선도하는 파리바게뜨로 성장했고 형이 운영하던 회사는 쇠락해 동생 회사에 인수되는 운명을 맞게 됐다.

이유가 뭘까? 삼립식품의 몰락은 회사가 변신을 시도하면서 시작된다. 삼립식품은 제빵 사업이 아니라 리조트 사업에서 미래를 찾고자 했다. 당시 제빵은 아이들 간식거리 사업이었고 1990년대에 들어서면서 태극당 등 새롭고 다양한 스타일의 빵집들이 들어서면서 사업 입지가 날로 줄어들기 시작했다. 삼립식품은 제빵 비즈니스에 미래가 없다고 보고 새로운 사업을 모색했다.

이때 리조트 사업이 눈에 들어왔다. 1990년대에 들면서 한국에는 리조트 사업이 붐을 이뤘다. 그러나 새로운 성장 동력이라 믿었던 리조트 사업은 곧 악몽으로 변하고 말았다. 승승장구할 것이라는 기대와는 달리 리조트 사업의 여파로 돌아온 것은 갚아야 할 어음뿐이었다. 여기에 1997년 외환위기가 터졌다. 삼립식품은 더 이상 버틸 힘이 없었고 법정관리로 들어갔다.

반면 샤니는 제빵 분야에서 꾸준히 길을 찾았다. 샤니의 CEO 역시 구멍가게 수준의 제빵 사업으로는 미래가 없다는 것을 깨달았다. 일본인에게서 전수받은 낮은 수준의 기술만으로 버티는 것은 한계가 있다고 생각했다. 그는 과감한 결단을 내렸다. 미국으로 건너가 빵의 기초부터 다시 배우기로 한 것이다. 그리고 프리미엄 제빵 시장에 눈을 뜨게 됐다. 이것이 바로 파리바게뜨의 시작이다.

삼립식품의 리조트 진출이 잘못된 전략이고 샤니의 제빵 사업 고수는 훌륭한 전략이라고 단정 지을 수는 없다. 문제의 핵심은 '경영의 실수'다. 삼립식품은 비즈니스에서 변화를 시도했지만 자신이 잘 모르는 분야에 너무 많은 수업료를 지불하는 경영의 실수를 저지른 반면, 샤니는 자신이 가장 잘 아는 분야에서 실수를 줄여나가는 전략을 취했다. 여기에 차이가 있었다.

비즈니스의 몰락과 성장이 비단 대기업들만의 이야기일까? 그렇지 않다. 모든 비즈니스에서 몰락과 성장을 반복한다. 대기업은 물론 중소기업, 중견 기업에서도 동일한 일이 일어난다. 동네의 음식점이나 당구장, 슈퍼마켓에서도 일어난다. 어떤 음식점은 아무리 경영 환경이 어려워도 문전성시를 이룬다. 하지만 어떤 음식점은 시장의 경기가 조금만 침체해도 문을 닫을 지경에 이른다.

예를 들어보자. 압구정동 후미진 골목에 압구정곱창이라는 맛집이 있다. 곱창과 대창을 파는 음식점이다. 음식을 먹는 홀이 20~30평 남짓 되는 조그맣고 평범한 음식점이다. 하지만 식사 시간에 가면 한 시간을 기다리는 것은 기본이다. 가격이 아주 저렴한 것도 아니다. 또 남양주 덕소에 가면 쌍용부부정육식당이 있다. 이

곳도 만만찮다. 식사 시간에 가면 무조건 수십 분에서 한 시간은 족히 기다려야 한다. 변변한 주차장도 없다. 그래도 사람들이 줄을 선다. 2019년 코로나 팬데믹이 터지자 이들 식당 역시 한때 주춤했다. 하지만 기다리는 시간이 조금 줄기는 했지만 여전히 많은 사람이 줄을 서고 있다. 이런 식당이 한둘이 아니다.

모두가 어려운 가운데 성공을 이어가는 기업들이나 가게들의 비밀은 무엇일까? 비즈니스에서의 실수를 얼마나 줄이느냐가 이들이 성공하는 비즈니스의 비결이다. 하지만 많은 기업인이 알면서도 또는 모르고서 '경영의 실수'를 저지른다. 이 책에서는 경영의 실수를 '비즈니스의 핵심 원리에서 벗어나는 정도'로 정의한다.

이 책의 기본 전제는 이러하다. 비즈니스의 핵심 원리에서 벗어난 기업들은 망할 가능성이 높고, 비록 실수는 했지만 핵심 원리로 되돌아가는 기업들은 경쟁력을 다시 찾을 가능성이 높다. 비단 기존 기업에만 해당되는 사항이 아니다. 처음 비즈니스를 시작하는 스타트업 기업이나 은퇴 후 동네에서 치킨집과 맥줏집을 창업하고자 하는 사람에게도 동일하게 적용된다. 이러한 핵심 원리를 알면 경영의 실수를 줄일 수 있다. 사업도 번창시킬 수 있다. 사업이 어려워져도 되돌릴 수 있다. 도대체 그 핵심 원리가 무엇일까? 이것을 설명하는 것이 이 책의 목적이다.

1. 잘나가던 기업들이 몰락하는 것은 산업 자체가 경쟁력을 잃는 경우다. 하지만 그보다 근원적인 이유는 경영 환경이 바뀌었음에도 이를 알아 차리지 못하거나, 알면서도 올바른 대응을 하지 못하고 엉뚱하게 행동 하는 등의 경영의 실수에 있다.

2. 기업이 성공하기 위해서는 치명적인 경영의 실수를 줄여야 한다.

3. 경영의 실수를 줄이는 핵심 원리가 있다. 이것을 이해하는 것이 이 책 의 목적이다.

제 2 장

비즈니스 모델의
정합성을 파악하라

비즈니스의 실수를 일깨워주는 네 가지 거울

"성공하는 CEO는 결과가 나쁠 때
창밖이 아닌 거울을 본다."

_짐 콜린스, 《좋은 기업을 넘어 위대한 기업으로》 저자

경영의 실수를 줄이기 위해 보아야 하는 거울

비즈니스에 어려움이 생길 때 사람들은 어떤 행동을 할까? 의외로 많은 기업인이 창밖을 우두커니 보며 망연자실하거나 지지리 운도 없다고 하늘을 보며 한탄을 한다. 하지만 비즈니스에 문제가 생겼을 때 가장 먼저 해야 하는 일은 거울을 보면서 자신이 행한 실수를 돌아보는 것이다. 그래야 실수를 딛고 일어설 수 있는 새로운 전기를 마련할 수 있다.

비즈니스를 비춰 보는 거울이 있다. 비즈니스 모델이다. 비즈니스의 구성 요인과 관계라고 생각하면 된다. 비즈니스가 일어나는 영역에 대한 구체적인 설계를 하거나 기존의 비즈니스를 개선하거나 새롭게 할 때 거울 역할을 한다.

비즈니스 모델은 기본적으로 네 가지 영역으로 구성된다(〈그림 1〉). 비즈니스를 비춰 보는 네 가지 거울이라고도 할 수 있다. 첫 번째는 고객과의 관계를 비춰 보는 거울이다. 비즈니스가 누구를 위해 존재하고 이들에게 어떤 가치를 줄 것인가를 살펴보는 것을 말한다

가치생성 모델	고객관계 모델
비용 모델	수익 모델

(고객관계 모델). 두 번째 거울은 타깃이 되는 고객에게 줄 가치를 어떻게 만들어낼 것인가를 비춰 보는 거울이다(가치생성 모델). 세 번째 거울은 비즈니스의 비용구조를 이해하고 통제하기 위한 거울이다(비용 모델). 네 번째 거울은 기업 생존의 원천인 수익을 어디서 창출할지를 알려주는 거울이다(수익 모델).[1]

망하는 기업들의 공통점 중의 하나는 비즈니스 모델이 명확하지 않다는 점이다. 때로는 경영 환경의 변화로 비즈니스 모델을 개선하거나 바꿔줘야 함에도 기존의 방법을 고수하다가 망하기도 한다. 또 환경이 전혀 다른 나라에서 비즈니스를 하면서 자신의 나라에서 활용하던 방식을 똑같이 이식시켜 비즈니스를 하다 망하기도 한다.

미국의 머큐리(Mercury)는 산업용 온도계의 선두주자다. 잘나가던 이 회사의 성장이 정체되기 시작하자 타개책으로 가정용 온도계 시장으로 진출하기로 했다. 까다롭고 정밀도 높은 산업용 온도계를 만드는 기술을 활용하면 가정용 온도계 정도는 쉽게 생산할 수 있다고 판단했기 때문이다. 하지만 가정용 온도계 사업은 3년 동안 적자만 내다 결국 철수하고 말았다. 왜 이런 일이 벌어졌을까?

머큐리는 큰 실수를 저질렀다. 먼저 그들은 자신들이 영위하고 있던 산업용 온도계 사업에 대한 비즈니스 모델이 무엇인지 몰랐다. 또 가정용 온도계 시장에 뛰어들려면 어떤 종류의 비즈니스 모델이 필요한지도 몰랐다. 그저 산업용 제품을 생산하고 있으니 정밀도나 고도의 기술이 덜 필요한 가정용은 무조건 성공할 것이라고만 생각했던 것이다.

머큐리는 가정용 온도계 고객이 산업용 온도계 고객과 다르다는 생각을 하지 못했다. 산업용 온도계는 고열이 발생하는 생산 현장에서도 온도를 잴 수 있어야 하는 제품으로 주 고객이 산업체들이다. 이들을 만족시키려면 높은 수준의 연구개발력을 갖춰야 한다. 생산 현장에서 사용하는 온도계는 섭씨 1,000도가 넘는 온도를 견디거나 100분의 1도까지도 측정할 수 있는 정밀도가 필요하기 때문이다. 당연히 가정용은 이런 환경에서 작동하지 않아도 되니 생산하기 수월하다. 하지만 가격과 디자인 등에서 고객의 니즈를 맞춰줘야 하는 까다로움이 도사리고 있었다. 또 가정용 온도계는 산업용처럼 반드시 각 가정에 구비해야 하는 제품이 아니다. 그럼에도 일반 고객에게 선택받기 위해서는 매력적인 가격과 디자인이 필요했다. 안타깝게도 머큐리는 이런 마인드를 갖추지 못했다.

고객의 요구가 달라지면 당연히 생산 방식(가치생성 모델)도 달라져야 한다. 하지만 머큐리는 산업용 온도계와 같은 공간에 생산 라인을 구축했고 산업용 온도계를 만드는 데 익숙한 인력을 생산에 투입했다. 비용 계산(비용 모델)도 하지 않았다. 산업용은 고기능을 갖추면 비싸게 팔 수 있는 제품이다. 그에 반해 가정용은 반드시 필요한 제품이 아니어서 가격경쟁력을 확보하지 않으면 성공하기 어려운 제품이다.

머큐리가 가정용 온도계 시장으로 진출하고자 했던 이유는 간단하다. 산업용으로 수익을 창출하기 어려우니 상대적으로 생산하기 쉬워 보이는 가정용을 통해 쉽게 돈을 벌 수 있을 것(수익 모델)으로 생각했던 것이다. 만일 머큐리가 비즈니스 모델에 대한 최소한의 이해라도 하고 있었다면 산업용과 가정용의 비즈니스 모델이 다르다는 사실을 알 수 있었을 것이다. 또 가정용 비즈니스 모델에 충실하려면 무엇을 해야 하는지를 알 수 있었을 것이다. 아니면 애당초 가정용 온도계 비즈니스에 진입하지 말아야 한다는 결론에 도달했을 수도 있었다.

한국에서 아까운 그룹이 도산한 적이 있다. 한국 산업계에 신선한 바람을 불러일으켰던 웅진그룹이다. 웅진그룹의 설립자인 윤

석금 회장은 1971년부터 한국브리태니커 백과사전을 판매하던 사람이었다. 얼마나 사전을 잘 팔았으면 글로벌 판매왕에까지 오른 인물이다. 브리태니커 백과사전 판매는 윤 회장에게 엄청난 경험을 선물했다. 무엇보다 고객을 완벽하게 이해하는 안목을 줬다.

고객에 대한 이해를 바탕으로 그는 1980년 어린이용 서적 출판 기업인 헤임인터내셔널(현 웅진씽크빅)을 설립했다. 1987년에는 웅진식품을 인수했으며, 1988년에는 코리아나화장품을 설립하면서 서적, 음료수, 화장품으로 이어지는 파죽지세의 형세로 그룹을 확장시켜나갔다. 그의 가장 멋들어진 작품은 웅진코웨이 설립이다. 그가 한국 최초로 정수기를 렌털 사업화한 이후 많은 기업이 웅진의 모델을 따라 했다. 당시 정수기는 대당 100만 원에 이르는 비싼 기기였다. 값비싼 정수기를 고객에게 저렴한 가격에 빌려주면서 웅진코웨이는 정수기 업계 1위로 올라섰다.

웅진그룹의 성공의 이면에는 윤 회장의 브리태니커 사전 판매라는 큰 경험이 자리하고 있다. 무엇보다 그는 고가의 사전을 소비자들에게 판매하면서 소비자들의 구매 심리를 꿰뚫어 봤다. 이러한 경험을 가능하게 한 요소가 바로 방문판매였다. 방문판매 방식은 웅진그룹이 새롭게 비즈니스를 확장할 때마다 적용됐다. 그 효과가 가장 잘 나타난 것이 바로 웅진코웨이다. 하지만 웅진그룹은 좌초하기 시작한다. 2007년 극동건설을 인수하고, 2008년에는 새한을 인수해 웅진케미칼을 설립하고, 같은 해에 태양광 사업 진출을 위해 웅진폴리실리콘을 설립하고, 2010년 서울저축은행을 인수한 것이 발목을 잡았다.

무엇이 문제였을까? 단 하나였다. 이들 사업과 웅진이 원래부터 잘하던 사업의 비즈니스 모델이 전혀 달랐기 때문이다. 윤 회장의 특기는 방문판매형 사업을 통해 소비자를 파고드는 능력이었다. 눈빛이 오가며 고객을 설득하는 역량이 웅진의 핵심역량이었다(고객 관계 모델에 대한 이해). 한편 고객이 요구하는 가치를 생산으로 연결하는 기술(가치생성 모델)은 비교적 복잡하지 않았다. 서적이나 음료수 그리고 정수기 생산에는 엄청난 고도의 기술이 필요하지 않다. 이에 비해 고객을 잘 아는 능력은 웅진에게는 엄청난 역량이었다.

웅진식품은 방문판매 방식에 기반하고 있지는 않았지만 고객에 대한 민감성을 잘 보여줬다. 웅진식품이 처음으로 음료를 만들 당시 브랜드명은 웅진주스였다. 웅진이라는 자부심을 나타내고 싶은 마음에서 붙인 이름이다. 하지만 웅진주스는 시장에서 전혀 팔리지 않았다. 이유는 웅진이라는 이름에 있었다. 사람들은 이미 웅진에 대한 이미지를 갖고 있었다. 가장 대표적인 이미지가 바로 '웅진=출판사'다. 그러다 보니 웅진주스라는 이름에서 인쇄용 잉크 냄새가 난다고 생각했다. 웅진식품은 고객의 마음을 빠르게 간파했다. 이후 '자연은'이라는 브랜드를 새롭게 내세웠다. 브랜드명이 바뀌면서 웅진식품은 승승장구하기 시작했다.

하지만 극동건설, 웅진케미칼, 웅진폴리실리콘, 서울저축은행의 비즈니스 모델은 전혀 달랐다. 건설은 고객을 읽는 눈도 중요하지만(고객관계 모델) 공사 현장을 관리하는 능력이 매우 중요하다(가치생성 모델). 특히 건설 경기라는 경제 전체를 보는 안목이 중요한 사업이다. 기존의 비즈니스와 달리 비용 계산도 복잡하고 어디서 추가 비용이 발생할지도 모르는 불확실성이 매우 높은 사업이기도 하다(비용 모델의 중요성). 웅진케미칼, 특히 웅진폴리실리콘도 마찬가지였다. 태양광 사업의 기초 원자재는 폴리실리콘이다. 높은 수준의 생산 기술력이 뒷받침돼야 하는 기술이다. 따라서 고객에 대한 이해보다 기술의 완성도가 중요했다(가치생성 모델의 중요성). 또 금융업은 고객에게 다가가는 것만으로 승부가 나는 사업이 아니다. 대출 자금을 회수하지 못했을 때 돌아오는 위험 관리가 매우 중요한 사업이다(고객관계 모델, 가치생성 모델, 비용 모델의 중요성).

웅진은 이처럼 자신이 잘 모르는, 다시 말해 자신들에게 익숙한 비즈니스 모델을 적용하기 어려운 사업들에 뛰어들었다. 게다가 매우 짧은 기간에 추가 사업이 진행되면서 자금 조달에 문제가 생겼다. 먼저 극동건설에서 문제가 터졌다. 너무 많은 인수 비용 탓에 1조 원에 달하는 자금이 투입됐지만 회사는 법정관리에 들어갔다. 서울저축은행은 건설 프로젝트파이낸싱(PF) 대출 부실로 치명적인 손실을 입었다. 2012년 웅진폴리실리콘은 기술의 완성도가 떨어지면서 부도처리 됐다. 새로운 사업에서 자금이 꼬이기 시작하자 웅진그룹은 몰락의 길로 접어들기 시작했다.[2]

웅진그룹이 다른 사업의 비즈니스 모델을 제대로 읽지 못한 데는 그룹 내에 흐르는 하나의 정신이 크게 작용했다. 웅진그룹에는 '또또사랑'이라는 단어로 요약되는 특이한 문화가 있었다. 윤 회장이 오랜 시간 동안 비즈니스를 하면서 깨달은 것을 압축한 정신으로, 사랑하고, 또 사랑하고, 또 사랑하는 마음을 말한다. 풀어 설명하면 자신이 사랑하는 일은 누가 시키지 않아도 열심히 하고, 사랑하는 마음으로 일하면 놀라운 능력을 발휘할 수 있다는 의미다. 윤 회장은 이러한 정신을 통해 조직 내 신명 문화를 만들고자 했다.

윤 회장은 사업 초기 직원들의 기를 살리려면 이들의 신명을 자극해야 한다고 생각했다. 아무리 어려워도 신명이 생기면 직원 본인의 일도 즐겁고 어려움을 돌파할 수 있다고 생각했다. 이런 정신은 기업 문화를 건강하게 만드는 데 기여한다. 하지만 부작용도 있다. 직원들이 다른 면을 보지 못하게 한다.

또또사랑을 통한 신명은 새로운 사업을 할 때도 작동했다. 새로운 비즈니스는 새로운 경영 방식을 요구한다. 하지만 윤 회장은 새로운 것을 이해하려 하기보다는 또또사랑 정신으로 밀고 나가면 아무리 어려운 일도 극복할 수 있다고 잘못 이해했다. 그러자 웅진그룹의 비즈니스는 잘못된 방향으로 탄력을 받기 시작했고 급기야 그룹이 무너지는 사태에 이르렀다.

정합성 이해하기

머큐리와 웅진그룹의 사례는 기존 사업을 새롭게 바꾸거나 신규 사업에 진입할 때 필요한 비즈니스 모델을 명확히 알고 이해하는 것이 얼마나 중요한지를 일깨워준다. 하지만 비즈니스 모델이 무엇인지를 아는 것만으로는 비즈니스를 성공시키기 위해 충분하지 않다. 이들 간의 유기적 연결 고리를 이해해야만 성공 가능성을 크게 높일 수 있다. 이것을 비즈니스 모델의 정합성이라고 한다. 아무리 훌륭하게 설계된 비즈니스 모델이라고 해도 정합성을 갖추지 못하면 경영의 실수를 줄이기 어렵다. 정합성은 외적 정합성과 내적 정합성으로 구성된다.

이것을 이해하려면 핏(fit)에 대한 개념이 필요하다. 옷을 살 때 핏이라는 단어가 많이 사용된다. 겉보기에 아무리 좋아 보여도 핏이 맞지 않으면 옷을 살 수 없다. 핏에는 두 종류가 있다. 먼저 색상이나 디자인 등이 현재의 유행과 맞는지를 살피는 것이다. 현재의 유행이 복고인지 아니면 모던인지에 따라 구매자의 선택이 달라진다. 두 번째는 구매자의 몸의 특성에 맞추는 것이다. 소매길이, 어깨너비, 다리 길이, 얼굴색 등과 옷이 맞아야 한다. 첫 번째 핏은 외부 환경, 즉 유행하는 환경과 맞춰보는 행동이라고 할 수 있다. 두 번째 핏은 구매자의 체형과 맞춰보는 것이다. 두 가지 종류의 핏이 맞지 않는 옷을 사면 실패다.

이들 두 가지 핏에 대한 개념은 골프에서도 사용된다. 정렬 (alignment)과 리듬(rhythm)이 여기에 해당한다. 정렬은 공을 보내고자 하는 방향으로 몸을 평행하게 맞추는 것을 말하고 리듬은 공을 칠 때의 신체 부위 간 균형을 말한다. 정렬은 옷을 고를 때 유행환경에 적합한지를 살펴보는 것과 유사하고 리듬은 옷을 입을 사람의 신체적 특성과 잘 맞는지를 보는 것과 유사하다.

비즈니스를 할 때도 핏은 무척 중요하다. 경영학에서는 이러한 핏에 해당하는 용어를 정합성이라고 표현한다. 옷을 살 때나 골프를 칠 때 두 종류의 핏이 필요한 것처럼 경영에서도 두 종류의 정합성이 중요하다. 하나는 외적 정합성이고 다른 하나는 내적 정합성이다. 외적 정합성은 옷을 살 때 현재의 상황을 고려하거나 골프를 칠 때 몸이 타깃 방향을 향해 있는지를 점검하는 것처럼 현재의 비즈니스 환경, 특히 고객 환경에 적합한지를 파악하는 것을 말한다. 내적 정합성은 옷을 살 때 몸의 특성에 맞는지를 살펴보거나 골프를 할 때 리듬에 신경을 써야 하는 것과 유사하다.

외적 정합성과 내적 정합성은 어떤 비즈니스를 하더라도 매우 중요하다. 슈퍼마켓에서 잘 팔리는 고구마의 특징을 보면 먹기 편한 사이즈라는 것을 알 수 있다. 주먹보다 큰 것들은 매대에 올라와도 재고로 남는다. 고구마의 크기가 소비자의 선택과 외적 정합성을 이루지 못했기 때문이다. 그럼 농부는 어떻게 해야 할까? 소비자에게 선택될 수 있도록 고구마 크기를 조절해 키우는 방법을 알아야 한다. 만약 소비자의 선호도와 상관없이 무작정 고구마를 키우기만 하면 슈퍼마켓에서 팔릴 수 있는 크기의 고구마를 많이 건질 수 없다. 슈퍼마켓에 공급할 수 없는 고구마들은 공장으로 보내져 식품용으로 사용된다. 가격이 슈퍼마켓용에 비해 저렴하므로 당연히 수익을 내기 쉽지 않다.

소비자들이 먹기 편한 일정 크기의 고구마를 생산하려면 농부는 고구마의 크기를 조절하기 위한 역량, 즉 내적 정합성을 키워야 한다. 고구마에 적합한 토질을 이해하고 물 빠짐이 좋도록 고랑을 유지할 수 있어야 하고 적당한 크기로 자랐을 때 수확하며 저장할 수 있는 역량을 키워야 한다. 이러한 역량이 부족하면 고구마 비즈니스에서 적자를 면하기 어렵다.

머큐리와 웅진그룹의 비즈니스 실패 이유는 바로 비즈니스의 외적 및 내적 정합성을 제대로 생각하지 못하고 사업을 수행한 결과라고 해석할 수 있다. 머큐리는 산업용과 가정용 온도계 비즈니스가 서로 다른 비즈니스 모델을 가지고 있다는 사실 자체를 알지 못했다. 그러다 보니 가정용 온도계 비즈니스에서 필요한 외적 정합성을 확보하지 못했다. 또한 개인용 소비자에 적합한 가치생성 모델 구현, 즉 내적 정합성 확보에도 실패했다.

웅진그룹의 경우도 비슷하다. 웅진그룹이 초기에 성장한 이유는 외적 정합성을 맞추는 능력을 설립자가 체득한 결과다. 브리태니커라는 고가의 백과사전을 팔면서 체득한 고객을 읽는 능력이 성공의 비결이다. 다른 말로 하면 출판, 음료, 정수기 사업들은 고객의 필요를 섬세하게 읽어내는 역량이 사업 성공의 필수 요소였다. 외적 정합성이 잘 이뤄졌다는 말이다. 이에 비해 가치생성 모델은 비교적 간단했다. 하지만 건설업, 태양광 사업, 금융업에서는 이런 역량이 잘 발휘되지 못했다. 이들 사업들은 출판, 음료, 정수기 사업과는 전혀 다른 고객군을 가지고 있었고 고객 만족 요소도 달랐다. 또한 현장 관리, 연구 및 생산 기술 관리, 금융 부도에 대한 위험 관리가 매우 중요한 사업이었다. 즉, 기업의 내적 정합성 역시 매우 높아야 하는 사업이었다. 결론적으로 웅진그룹은 신사업에 진출하면서 이 사업들에게 필요한 외적 정합성을 충분히 이해하지 못했고 또한 내적 정합성을 제대로 갖추지 못하는 잘못을 저질렀다. 이로 인해 그룹 전체가 무너지는 결과를 낳았다.

이상의 내용을 살펴보면 경영에서 실수가 일어나는 이유는 두 가지다. 하나는 비즈니스의 외적 정합성에 대한 개념 자체가 아예 없는 경우다. 많은 창업가가 실수하는 대목이다. 자신들이 개발할 제품을 누가 살 것인가에 대해 생각이 없거나 그저 팔릴 것이라는 부푼 꿈만 꾸는 기업가가 많다. 제품을 사줄 소비자의 입장은 전혀 고려하지 않고 자신의 기술에 취해 창업을 하면 운이 아주 좋은 경우가 아니라면 백이면 백 망한다. 외적 정합성에 대한 이해 없이 사업에 뛰어든 경우다.

다른 하나는 기존 비즈니스의 성공 원리와 새로운 비즈니스의 성공 원리가 같다고 착각하는 것이다. 팬시한 분위기를 갖춘 이탈리아 음식점을 경영하던 사람이 남대문 시장에서 음식 사업을 성공시킬 확률은 그리 높지 않다. 이탈리아 음식점을 찾는 고객과 남대문 시장에서 식당을 찾는 고객이 다름을 이해하지 못할 가능성이 높기 때문이다. 남대문 시장 안에 가면 생선구이 맛집이 많다. 이곳은 공통적으로 내부 인테리어에 별로 신경 쓰지 않고 장사한다. 왜일까? 남대문 시장에 물건을 사러 오는 사람들은 저렴하고 맛이 있는 식당에서 빨리 식사를 해결한 후 물건 사는 일에 집중한다는 것을 알고 있기 때문이다. 이런 곳에 우아하고 화려한 인테리어를 갖추고 가격까지 비싼 레스토랑을 열었다고 해보자. 과연 고객들이 이런 곳을 찾아가겠는가?

비즈니스에서 정합성이 올바르게 유지되고 있는지 아니면 흐

트러졌는지는 어떻게 알 수 있을까? 비즈니스 모델의 점검을 통해 알 수 있다. 비즈니스 모델에서의 고객관계 모델은 외적 정합성을 이해하는 통로다. 이것을 통해 고객이 존재하는지, 얼마나 있는지, 무엇을 원하고 있는지를 찾아낼 수 있다.

내적 정합성은 고객관계 모델이 다른 비즈니스 모델에 제대로 투영되고 있는지를 살펴보면 알 수 있다. 다시 말해 고객에게 제공될 가치(고객관계 모델)가 반영된 제품이나 서비스를 제대로 만들 수 있는지(가치생성 모델), 너무 과도한 비용은 들지 않는지(비용 모델), 어디서 수익을 낼 수 있는지(수익 모델)를 살펴보는 것이다.

1. 경영의 실수를 줄이기 위해서는 비즈니스를 비춰 보는 비즈니스 모델이라는 거울을 이해해야 한다.

2. 비즈니스 모델에는 네 가지 거울(모델)이 있다.
   - 고객관계 모델: 고객을 인식하는 과정으로 비즈니스가 누구를 위해 존재하고 이들에게 어떤 가치를 줄 것인가를 살펴보는 거울
   - 가치생성 모델: 타깃이 되는 고객에게 줄 가치를 어떻게 만들어낼 것인가를 알기 위한 거울
   - 비용 모델: 고객과의 관계를 만들고 가치를 생성할 때 발생하는 비용 구조를 이해하고 통제하기 위한 거울
   - 수익 모델: 기업 생존의 원천인 수익을 어디서 어떤 방법으로 확보할 것인지를 알기 위한 거울

3. 비즈니스 모델이 네 종류로 구성되는 것을 아는 것만으로는 부족하다. 이들 간의 정합성을 알아야 실수를 줄일 수 있다. 고객 환경과 비즈니스가 조화를 이루고 있는지를 파악해야 하고(외적 정합성), 네 개의 하위 비즈니스 모델이 유기적으로 연계되는지 여부(내적 정합성)를 파악해야 한다.

제2부

실패하지 않는
비즈니스 모델
구축하기

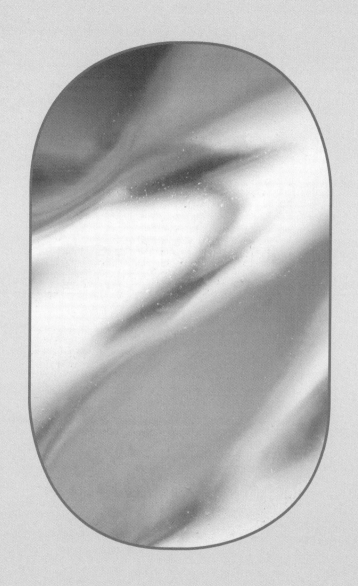

제3장

고객의 즐거움과
고통을 알라

첫 번째 거울:
고객관계 모델을 설계하고 살펴보는 거울

"고객에 대해 더 많이 알수록

해야 할 일은 명확해지고

무엇을 해야 할지 결정하기도 더 쉬워진다."

_존 러셀, 할리 데이비슨 유럽 부회장

고객 알기: 비즈니스의 시작

비즈니스의 '시작'은 말할 것도 없이 고객에 대한 이해다. 고객을 제대로 알지 못하면 어떤 비즈니스도 성공할 수 없다. 이것을 알려면 다음 질문에 답을 해야 한다.

- 타깃 고객이 누구인가?
- 고객은 어떤 즐거움과 고통을 느끼고 있는가?
- 우리는 고객에게 어떤 즐거움을 주고 어떤 고통을 줄여줄 것인가?
- 고객에게 제공할 가치를 어떻게 손실 없이 전달할 것인가?
- 고객의 즐거움과 고통의 변화를 어떻게 알아차릴 것인가?

첫 번째 질문은 비즈니스의 고객이 누구인지를 알기 위한 질문이다. 우리 기업의 제품이나 서비스를 살 사람이 있을까? 만약 있다면 누구인가를 묻는 것이다. 두 번째 질문은 고객의 니즈를 찾아내기 위한 것이다. 과연 타깃 고객이 우리의 제품이나 서비스를 사려고 할까? 그 이유가 무얼까에 대한 답을 찾는 것이다. 세 번째 질문은 고객에게 가치 있는 서비스나 제품을 제공할 능력이 기업 자신에게 있는지를 묻는 질문이다. 네 번째 질문은 고객에게 제공할 가치를 온전하게 전해주는 방법을 고민하기 위한 질문이다. 다섯 번째 질문은 고객의 변화하는 욕구나 고객에 대한 불만 정보를 얻기 위한 질문이다.

이번 장에서는 이들 다섯 가지 질문에 대해 설명한다. 모두 고객관계 모델의 하위 모듈과 관련이 있다. 하위 모듈이란 고객정의, 가치제안, 가치전달, 고객정보탐색의 네 가지를 말한다(〈그림 2〉). 앞의 첫 번째 질문에 답하는 것이 고객정의다. 두 번째와 세 번째

───────── | 그림 2 | **고객관계 모델의 하위 모듈** ─────────

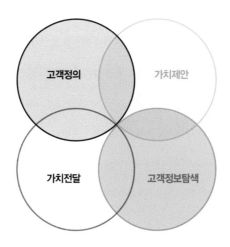

질문에 답하는 것을 가치제안이라고 한다. 네 번째 질문에 답하는 것을 가치전달이라고 한다. 다섯 번째 질문은 고객에 대한 정보탐색을 어떻게 할 것인가를 묻기 위한 것이다.

고객정의: 누가 고객인가?

고객정의란 누구를 우리 기업의 고객으로 삼을 것인가를 말한다. 한마디로 말해 공략할 고객을 아는 일이다. 여기서 우선 유의해야 할 게 하나 있다. '소비자'와 '고객'을 구분하는 일이다. 일상적으로는 굳이 구분할 필요가 없지만 비즈니스 모델을 정확히 이해하고 활용하려면 구분해보는 것도 나쁘지 않다.

소비자는 일반적으로 우리의 제품이나 서비스를 사줄 수 있는 사람들을 말한다. 고객은 좀 더 좁은 의미에서 기업이 관심을 가지고 관계를 맺어야 할 소비자를 말한다. 간단히 말해 고객은 소비자의 부분 집합이다. 이를 이해할 수 있는 예를 들어보자.

중소기업이지만 매출이 100억 원에 이르는 비교적 건실한 화장품 기업이 있다. 이곳의 주력 제품은 유기농 화장품이다. 일반적인 화학 재료가 아닌 유기농 재료를 사용해 피부 부작용을 최소화한 제품이다. 이 회사를 방문해 대표와 이런저런 이야기를 나눴다. 그러면서 질문을 하나 했다. "이 회사의 고객은 누구입니까?" 대표는 자신 있게 대답했다. "건강한 아름다움을 추구하는 한국의 모든 여성입니다." 건강이라는 말을 한 이유는 유기농 화장품을 강조하기 위함이었을 것이다. 여기까지는 좋았다. 대표는 한국에 있는 모든 여성이 고객이라고 답변했다. 물론 이렇게 말했다고 비즈니스를 못하는 것은 아니다. 하지만 대표의 말은 잘못된 것이고 향후 비즈니스를 정교하게 만들어가는 데 방해가 된다.

회사 대표의 대답은 소비자에 대한 정의였다. 다시 말해 이 회사의 소비자는 한국의 여성이며 다른 나라의 소비자를 대상으로 하지는 않는다는 말이다. 당시 그의 말을 듣고 웃으면서 인터넷에 들어가 해당 회사의 화장품에 대한 사람들의 평을 살펴보자고 했다. 매우 훌륭한 제품이라는 칭찬의 목소리가 있는가 하면, 절대 그 제품을 사면 안 된다는 의견도 섞여 있었다. 칭찬하는 사람들과 불만을 이야기하는 사람들의 리뷰를 찬찬히 살펴보니 제품이 좋다고 추천하는 사람들은 대체로 40대 이후의 여성들로 추정됐다. 반대로 제품을 절대 사면 안 된다는 사람들은 20~30대의 젊은 층으로 보였다.

인터넷에서 불만을 토로하는 소비자들은 화장품에 유분기가 많아 피부 트러블이 발생해 얼굴을 망쳤다는 이야기를 주로 썼다. 반대로 칭찬하는 고객들은 해당 화장품을 사용 후 얼굴의 당김이 줄어들고 편안해졌다는 글을 남겼다. 상반된 의견을 보며 무엇이 느껴지는지 묻자 대표는 웃으면서 무슨 말인지 알겠다고 했다. 그러면서 당시까지 자신은 고객이라는 단어를 피상적으로 알았다고 했다. 화장품은 여성들이 사용하는 것이니 당연히 모든 여성이 고객이라고 생각한 것이다. 대표는 자신들의 주요 고객이 40대 이후의 한국 여성이라는 점을 이번에 알았다고 했다. 그동안 모든 한국 여성들에게 다가가기 위해 많은 노력을 했는데 오히려 역효과만 난 것 같다며 웃음을 지었다. 자신들도 모르게 40대 이상의 여성들에게 적합한 제품을 만들고 있었던 것이다.

40대가 되면 아무래도 얼굴이 건조해져 푸석거린다. 이런 고객들에게는 상대적으로 유분기가 많은 제품이 효과적이다. 하지만 20~30대는 사정이 다르다. 얼굴에 자연 유분(피지)이 많아 여드름도 많이 난다. 만약 유분기가 많은 화장품을 바를 경우 문제를 악화시킬 뿐이다. 이러한 사실을 모르고 20대나 30대를 대상으로 유분기가 많은 제품을 판매하자 불만으로 가득 찬 글이 올라올 수밖에 없었다. 하지만 실망할 필요는 없다고 설명해줬다. 현재의 타깃 고객이 40대 이후의 여성임을 알았으니 앞으로는 20~30대에 맞는 새로운 제품을 만들면 매출을 크게 늘릴 수 있을 것이라고 알려줬다. 소비자와 고객을 구분해 생각해보면 이런 뜻하지 않은 실익을 얻을 수 있다.

B2C 비즈니스, 즉 일반 소비자를 대상으로 제품이나 서비스를 판매할 때 고객과 소비자에 대한 개념을 혼동하곤 한다. 이에 비해 기업을 최종 고객으로 삼는 비즈니스인 B2B나 정부를 대상으로 하는 B2G 비즈니스에서는 혼동할 가능성이 낮다. B2B나 B2G 비즈니스의 경우는 '소비자=고객'인 경우가 많다. 대체로 단일 고객이거나 많아야 소수의 고객을 대상으로 비즈니스를 하기 때문이다. B2C 비즈니스는 다르다. '소비자=고객'인 경우는 매우 드물다. 현재의 고객이 아닌 수많은 소비자가 있을 수 있다는 말이다. 그래서 현재의 구매자들이 아닌 소비자를 잠재적 고객이라고 부른다. 앞에서 소개한 화장품 회사의 고객은 40대 이후의 여성이고 20~30대의 여성은 잠재적 고객이 되는 셈이다. 그래서 '소비자=고객+잠재적 고객'으로 구성된다.

고객에 대한 정의는 제조업이나 서비스업에만 한정되지 않는다. 온라인 비즈니스에서도 동일하게 적용된다. 온라인 판매를 하는 쿠팡과 마켓컬리를 비교하면 분명한 차이를 알 수 있다. 쿠팡은 비즈니스 시작 단계부터 한국의 전천후 온라인 배송 기업으로 개념을 잡았다. 다시 말해, 쿠팡은 머릿속에서 생각나는 제품이 있다면 모든 물건을 주문받아 판매하는 슈퍼마켓형 기업으로 출발했다. 고객에 대한 정의도 슈퍼마켓을 애용하는, 한국에서 사는 모든 연령층으로 삼았다. 지역도 한정하지 않는다. 전국 어디서라도 주문

받아 배송한다는 목표를 삼았다.

반면 마켓컬리는 주문받고 배달하는 물건이 신선식품, 식자재 및 냉동·냉장 식품으로 제한돼 있다. 새벽배송이 그들의 특기다. 낮이나 저녁 시간에 장을 볼 수 없는 맞벌이 부부들이나 유사한 상황에 있는 고객들을 위한 서비스로 목표를 삼았다. 새벽배송의 경우 서울, 경기, 인천 지역에 국한돼 있다. 따라서 이들의 주 고객은 서울, 경기, 인천 지역에 거주하며 식품 관련 제품을 새벽에 배송받고자 하는 20대 이후의 소비자가 된다. 달리 말하면 슈퍼마켓의 신선식품 코너를 이용하는 수도권 지역 사람들 중에서 새벽배송을 원하는 사람들이 주요 고객이다.

하지만 이 책에서는 고객과 소비자를 완전히 구분지어 사용하지는 않을 것이다. 그보다는 문맥의 흐름에 맞추어 그때그때 자연스러운 단어를 사용할 예정이다. 다만, 두 단어가 갖는 뜻이 다르다는 점은 염두에 두자.

가치제안: 고객으로 만들기 위한 첫걸음

고객이 될 만한 소비자가 정의됐다면 다음으로는 이들을 자신들의 고객으로 만들기 위한 노력을 해야 한다. 그 출발점은 고객에게 줄

가치를 고민하는 것이다. 이것을 '가치제안'이라고 한다. 소비자를 자신의 고객으로 만들려면 이들이 매력을 느낄 만한 가치가 제품과 서비스에 담겨 있어야 한다. 이때 고객가치를 계산해야 한다. 고객가치 계산하기는 의외로 쉽다. 다음 식을 보자.

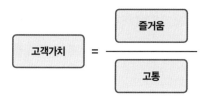

위 식에 따르면 고객가치는 고객이 느끼는 즐거움을 고통으로 나눈 것이다. 이때 즐거움이란 고객이 제품이나 서비스를 통해 얻는 편익을 말한다. 고통이란 고객이 지불해야 하는 모든 것을 말한다. 구매에 들이는 시간과 에너지, 비용 지출, 고객이 소비하는 동안 짜증 나게 한 것들의 총칭이다.

음식점을 예로 들어보자. 음식점이 제공하는 맛있는 음식은 즐거움에 해당한다. 쾌적한 분위기도 여기에 속한다. 대접받고 있다는 느낌도 즐거움이다. 반면 고통은 고객이 지불해야만 하는 것들이다. 음식점까지 가기 위해 장시간 운전해야 한다면 이것은 고통이다. 비싼 음식값도 고통이다. 종업원들의 불친절과 비위생적 환경을 감내해야 한다면 그 또한 고통이다. 이런 것들은 고객의 짜증을 유발한다. 고객가치 계산식을 응용하면 음식점의 가치는 고객이 느낀 즐거움의 요소와 이에 대한 가중치를 고통의 요소와 이에 대한 가중치로 나눈 결과다. 즐거움이라는 분자와 고통이라는 분모 중 무엇이 더 큰가에 따라 이 음식점의 성패가 달라진다.

만약 자신들의 기업에서 제공하는 즐거움을 얻기 위해 고객이 어떤 고통도 감내한다면 기업은 고객에 대해 지배적 지위를 가질 수 있다. 명품 비즈니스가 대표적인 사례다. 그 예로, 사람들은 명품을 사기 위해 비싼 가격과 줄 서는 수고를 마다하지 않는다. 하지만 대부분의 비즈니스는 그렇지 못하다. 경기가 나빠지면 소비자들은 기업이 가격을 조금만 높여도 민감하게 반응한다. 이런 요인들을 찾아내는 것, 다시 말해 소비자들이 민감하게 반응하는 즐거움의 요소와 고통의 요소를 볼 줄 아는 것이 비즈니스의 출발이다.

국내 유통업계에서는 쿠팡의 질주가 무섭다. 2010년 스타트업으로 시작한 쿠팡은 3년 만에 1조 원 매출을 실현했고 11년이 되던 2021년 미국 뉴욕증권거래소(NYSE)에 상장하는 기염을 토했다. 사실 이 기업은 창사 이래 흑자를 낸 적이 없다. 그럼에도 NYSE는 쿠팡의 가치를 공모가 기준 72조 원으로 평가하며 상장시켰다. 한국의 유통 대기업 신세계, 이마트, 롯데쇼핑의 시가총액을 모두 더한 것보다 열 배 이상에 해당하는 규모다.

쿠팡이 누적되는 적자 속에서도 어마어마한 가치로 인정받은 것에 대해 많은 논란이 있었지만 분명한 것은 이 기업의 고객가치 제안이 강력하다는 점이다. 쿠팡이 제시한 고객가치는 풀필먼트 서비스(fulfillment service)로 요약된다. 풀필먼트란 '이행' 또는 '수행'이라는 의미를 가지고 있다. 비즈니스 시각에서 말하면 '고객이 요구하는 모든 것을 이행하는 것'으로 이해할 수 있다.

풀필먼트 서비스는 미국의 온라인 상거래 기업인 아마존에서 비롯됐다. 2006년 아마존은 FBA(fulfillment by Amazon)라는 서비스를 개시했다. '아마존 고객주문이행 서비스'로 번역할 수 있다. 풀필먼트 서비스의 목적은 '모든 지역의 고객에게 가장 빠른 방식으로 질 좋은 모든 제품을 가장 싸게 판매 배송하며 반품 등의 서비스를 완벽하게 수행하는 것'이다.

풀필먼트 서비스의 정의를 살펴보면 쿠팡의 고객에 대한 가치제안이 드러나 있다. '한국의 전 지역에 질 좋은 모든 상품을 가장 저렴한 가격으로 빠르게 배송하며 또한 완벽한 애프터서비스를 하는 것'이 쿠팡의 가치제안이다. 고객 입장에서 보면 이보다 매력적인 것이 없다.

가치제안을 할 때는 고객에게 제공할 즐거움만 고민해서는 안된다. 고객이 자신들로 인해 어떤 고통에 빠질 것인지도 동시에 고민해야 한다. 대부분 고통은 즐거움의 반대편에 있을 가능성이 높다. 다시 쿠팡의 가치제안으로 발생할 수 있는 고객 고통의 예시를

| 표 1 | **쿠팡의 고객가치**

구분	즐거움	고통
배송 지역	전국	불완전한 전국 배송
배송 제품	모든 제품	주요 제품이 없음
배송 속도	가장 빠름	들쑥날쑥한 배송 속도
상품 가격	가장 저렴	가격 경쟁력 없음
상품 품질	우수한 품질	품질 저하
애프터서비스	완벽한 사후처리	사후처리 불편

살펴보자(〈표 1〉). 제안된 가치가 실현되지 못하면 이는 고객의 고통으로 나타난다. 이렇게 되면 기업의 이미지는 추락하며 더 이상의 비즈니스가 불가능하다.

쿠팡의 고객가치 예시가 주는 메시지는 간단하다. 고객이 좋아할 만한 모든 것을 가치로 제안하면 오히려 비즈니스를 망칠 수 있다는 것이다. 기업에서 제시하는 즐거움에 비해 실제로 실행하기 어려운 것이 있다면 과감히 없애거나 점진적으로 해결해가면서 가치제안을 해야 한다.

고객가치 제안과 관련해 염두에 두어야 할 것이 있다. 첫 번째는 고객경험이다. 고객경험이란 고객이 제품이나 서비스를 구매하기 위해 오프라인 또는 온라인 매장에 들어오는 순간부터 시작되는 모든 구매 과정과 제품과 서비스를 사용해본 후의 주관적 느낌을 모두 포함하는 말이다. 고객경험을 고려하기 위해서는 고객가치 제안을 너무 좁게 정의해서는 안 된다. 예를 들어 제품이나 서비스의 품질에 관련된 것만 정의해서는 안 된다. 구매 준비 단계, 구매 과정, 구매 이후의 경험을 총망라할수록 좋은 가치제안이 될 수 있다. 그렇다고 고객이 가진 긍정적인 경험을 모두 실현하라는 말은 아니다. 고객경험 시각에서 일단 넓게 가치를 정의한 후 무엇에 집중할지를 고민하는 것이 필요하다.

고객경험은 경험의 범주와 강도로 나눠 살펴볼 수 있다. 먼저 경험의 범주에는 네 가지 유형이 있다(〈그림 3〉). 기능경험, 감성경험, 적합성경험, 개인맞춤경험이다.

|그림 3 | **고객경험의 구성요소**

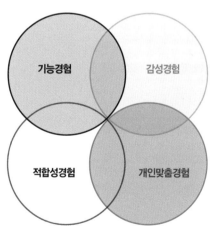

기능경험이란 제품이나 서비스가 갖는 기능에 대한 고객의 주관적 느낌이다. 제품의 경우 편리함, 빠름, 정확함, 정교함, 안정성 등 품질과 관련된 기능이 여기에 속한다. 서비스의 경우 맛이 있음, 친절함, 청결함 등이 여기에 속한다.

감성경험이란 제품이나 서비스에 묻어나는 정서적 느낌을 말한다. 동일한 기능을 가진 제품이나 서비스라도 고객들은 따뜻함, 친밀함 또는 사랑스러움 등에서 전혀 다른 느낌을 가질 수 있다. 제품을 보는 순간 또는 매장에 들어서는 순간 경험하는 느낌이 여기에 해당한다. 감성경험은 광고 전략을 통해서도 만들어질 수 있다. 오리온 초코파이의 '정(情)' 마케팅이 좋은 예다. 오리온은 초코파이의 마케팅을 통해 단순히 어린이를 위한 기능적 과자에서 정을 주고받는 사랑스러운 과자로 이미지를 바꿨다.

적합성경험은 기능경험이나 감성경험이 모두 좋아도 제품이나 서비스가 고객에게 적합해야 한다는 것을 말해준다. 음식점을 예로 들어보자. 파스타나 퓨전요리들은 젊은 여성이 선호하는 음식이며 순댓국이나 곰탕 같은 전통음식은 비교적 나이가 든 고객들이 좋아한다. 나이대에 따라 적합한 음식이 별개로 있다는 말이다. 분위기도 마찬가지다. 한 고객이 현대자동차의 최고급 세단인 제네시스 G80을 구입하기 위해 계약을 했다. 30대 초반이었던 고객은 한동안 고민하다 계약을 해지했다. 아직 젊은 자신에게 중년에게 어울리는 이미지의 차가 부적합하다고 생각해서다.

개인맞춤경험이란 제품이나 서비스가 얼마나 소비자들의 개별적인 욕구를 만족시켜주느냐를 의미한다. 제품이나 서비스가 자신에게 맞춤형으로 제공되고 있다고 생각하면 소비자들의 만족도는 매우 높아진다. 차를 구매할 때 표준 사양이 아닌 맞춤 사양을 선택할 수 있으면 차 구매에 대한 만족도는 훨씬 높아진다. 의류 사업에서 편집숍이라는 비즈니스 형태가 등장한 것도 개인맞춤경험의 극대화를 추구한 결과다. 편집숍은 매장에서 단일 브랜드의 의류만 판매하는 것이 아니라 다양한 브랜드의 의류는 물론이고 벨트, 운동화, 가방 등의 소품을 동시에 구비해 매장을 찾은 소비자가 자신에게 맞는 코디를 찾아볼 수 있도록 하는 운영 방식이다.

다음으로 고객경험의 강도를 고려해야 한다. 강도는 경험의 세기를 의미한다. 소비자들은 항상 제품이나 서비스를 구매할 때 기대감을 가지고 있다. 자신의 기대를 넘을 때 소비자들은 '와우(wow)'경험을 하게 된다. '와우'란 사람들이 자신의 기대를 뛰어넘는 무엇을 보거나 경험했을 때 지르는 탄성이다. 거대한 자연 앞에 섰을 때 사람들은 감탄사를 연발한다. 마찬가지로 자신의 기대를 훌쩍 뛰어넘는 제품이나 서비스를 맞닥뜨려도 사람들은 감탄사를 지른다. 이것이 바로 와우경험이다.

앞에서 말했듯이 고객경험은 제품이나 서비스 자체만으로 경험하는 느낌이 아니다. 이들을 구매하기 위해 오프라인 또는 온라인 매장에 들어서는 순간부터 구매가 일어나는 전 과정, 구매 후 전 과정에 이르기까지 전반에 걸쳐 나타난다. 애플이 플래그숍을 멋들어지게 꾸미고 구매 전반에 대해 세심하게 관리하는 이유가 여기에 있다.

국내 유통업계에서도 고객경험을 잘 살린 사례가 속속 등장하고 있다. 서울의 여의도는 백화점의 무덤이라고 불린다. 주중에는 직장인들로 붐비다 주말이 되면 공동화 현상이 일어나는 대표적인 장소다. 그런데 여기서 백화점 '더현대'가 화려하게 성공했다. 세심한 고객경험 설계의 결과다. 당연히 더현대는 고급 백화점답게 고급 품질의 제품들과 서비스(기능경험)를 제공하고 있다. 그것으로 끝이 아니다. 어떤 백화점에서도 경험할 수 없는 타원형 동선으로 내부가 설계돼 있고 넉넉한 마음으로 햇빛을 받으며 앉아 쉴 수 있는 넓은 공간도 조성돼 있다. 5층에는 넓은 숲공원(감성경험)도 갖추고 있다. 그야말로 와우라는 감탄사가 절로 나올 만한 공간이다.

왜 이렇게 했을까? 더현대는 비즈니스의 성공 기준을 MZ세대의 주말 매출로 보았다. 하지만 주말에는 다양한 공간들과 경쟁을 해야 한다. 야외의 산과 들, 잘 꾸며진 카페들이 경쟁자들이다. 더현대는 이들 경쟁자들을 물리치고 MZ세대들을 여의도로 오게 하려면 그들에게 적합한 공간(적합성경험)을 제공해야 한다고 판단했다.

한편, 더현대에는 중고 운동화 전문 매장과 중고 명품 시계를 판매하는 매장도 들어서 있다. 리셀(resell)이라는 새로운 소비 트렌드를 주도하고 있는 MZ세대를 끌어들이기 위해 중고 매장도 과감하게 마련한 것이다. 지하 1층에는 엄청난 규모의 음식관이 들어섰다. 서울의 유명 맛집들을 다 만나볼 수 있다. 2~4층에 이르는 공간에는 유명 카페들도 줄줄이 들어서 있다. 모두 MZ세대에 적합한 경험을 제공하기 위한 노력이다.

더현대와는 반대 상황에 놓인 곳도 있다. 아름다운 경관과 독특한 설계를 가진 내린천휴게소다.[1] 소노호텔앤리조트가 휴게소의 운영을 맡았다. 하지만 영업 이후 누적된 적자로 인해 이 기업은 휴게소의 운영권을 반납하기로 했다. 2019년 이후 터진 코로나 팬데믹으로 동해안 관광객이 감소한 영향이 컸지만 휴게소 설계 문제도 큰 원인으로 알려져 있다.

내린천휴게소의 가장 큰 문제는 영업 면적보다 영업 외 면적이 훨씬 넓다는 것이다. 이용객들이 사진 찍기 좋은 명소 만들기에 너무 치중하다 보니 영업면적이 크게 줄어들었다. 그러다 보니 버는 돈은 적고 불필요하게 넓은 영업 외 면적을 관리해야 하는 비용이 늘어나는 구조가 된 것이다. 휴게소의 부속시설인 전시관, 홍보관, 습지공원, 안내소, 화장실, 야외전망대 등을 관리해야 하는 비용은 엄청났다. 여기에 도로공사에 지불해야 하는 임대료 등이 겹

치자 수지를 맞출 수 없었다. 휴게소에 영업 외 공간을 과도하게 마련한 것은 MZ세대의 취향을 반영하기 위해서였다. 사진 찍기 좋아하고 멋진 공간에서 휴식하고 싶어 하는 이들의 취향을 적극 활용해 휴게소를 명소로 만들겠다는 계획이었을 것이다.

이런 관점에서 보면 더현대도 문제가 있어야 한다. 하지만 결과는 달랐다. 이유가 무엇일까? 더현대의 고객과 내린천휴게소의 고객이 요구하는 가치가 달랐기 때문이다. 더현대는 백화점 물건을 사줄 수 있는 고객들을 끌어들이기 위해 의도적으로 비영업공간을 과감히 늘렸다. 이 공간에서 여유롭게 거닐고 쉬며 어떤 상품이 있는지 살펴보기 위해 더현대를 방문했다. 구매라는 분명한 목적성을 가진 고객들이 방문했다는 말이다. 여기에 고객들의 구매를 끌어내기 위해 MZ세대들에게 익숙한 중고 매장과 유명 음식점 그리고 카페들을 입점시켰다.

내린천휴게소의 설계는 그렇지 않았다. 사진 찍기 좋은 곳이라는 명성을 만드는 데 치중한 나머지, 비즈니스에 대해서는 충분히 고려하지 못했다. 예로, 양양 방향에서 오는 고객들은 4층에 올라가야 식사를 할 수 있다. 어린아이나 노약자를 동반한 가족은 불편한 구조다. 휴게소 영업에 영향을 미치는 버스기사들도 내린천휴게소에 가기를 꺼렸다. 휴게소가 복잡하게 설계돼 불편한 것도 있었지만, 버스 승객들이 여기저기서 사진을 찍다 출발 시간을 맞추지 못하는 일이 빈번했다고 한다.

내린천휴게소를 설계한 이들은 휴게소에 오는 고객들을 잘못 이해하는 실수를 범했다. 이렇게 고객정의가 잘못되다 보니 고객가치가 무엇인지 그리고 어떤 고객경험을 설계해야 할지도 파악하지 못했다. 그러다 보니 고객 동선, 영업시설, 매장의 면적 배분과 흐름 그리고 어떤 매장을 내부에 두고 외부에 둘지에 대해서도 충분히 고려하지 못했다.

사실 휴게소에 오는 사람들은 더현대의 고객과 달리 잠시 스쳐 지나가는 사람들이다. 그리고 고객층이 더현대와 달리 매우 다양하다. 그럼에도 MZ세대의 취향에 적합한 휴게소를 만들려다 보니 이상한 휴게소를 탄생시키는 결과를 낳았다. 휴게소에 오는 사람들이 누구며 왜 방문하는지, 휴게소가 이들에게 어떤 가치와 경험을 제공할지에 대한 질문 없이 휴게소를 만드는 바람에 좋은 휴게소임에도 불구하고 비즈니스에서 어려움을 겪은 것이다.

종합하자면 가치제안의 출발선은 바로 고객에게 어떤 경험을 제공할 것인가에 대한 고민이다. 이것은 제품이나 서비스 자체에 대한 경험뿐만 아니라 구매가 일어나는 전 과정과 구매 후 경험 모두를 반영해야 한다.

가치전달: 고객에게 가치를 전달할 체계 구축

고객에게 제공할 가치가 담긴 제품이나 서비스를 고객에게 효과적으로 넘겨주는 것을 가치전달이라고 한다. 소비자의 입장에서 보면 제품이나 서비스를 접하는 순간부터 이들을 구매하는 전 과정이 가치전달과 관련 있다. 크게 네 부분으로 나눠 생각해볼 수 있다(〈표 2〉).

 가치전달은 고객에게 제시한 가치제안을 구현해낼 수 있는 제품이나 서비스를 생산하는 데서부터 시작한다. 아무리 멋들어진 가치제안을 했다고 해도 이를 생산해낼 수 없다면 아무런 의미가 없다. 토머스 에디슨(Thomas Alva Edison)은 매우 창의적인 인물이다. 그는 자신의 발명품을 상업화하는 데에도 열정을 기울였다. 하지만 그의 노력이 실패로 끝나는 경우도 많았다. 대표적인 것이 1890년에 만들어진 노래 부르는 인형이다. 처음에는 모두가 대박이 날 것

| 표 2 | **가치전달의 네 단계** |

구분	설명
1단계	고객에게 가치 있는 제품과 서비스를 생산하기
2단계	고객에게 제품과 서비스의 가치를 인식시키기
3단계	고객에게 제품이나 서비스를 가치손상 없이 전달하기
4단계	고객이 제품이나 서비스와 만나는 순간을 긍정적으로 만들기

으로 생각했다. 당시에 인형이 노래를 부른다는 것은 상상도 할 수 없는 일이었다. 에디슨은 자신이 발명한 축음기를 인형 안에 넣어 마치 인형이 노래를 부르는 것처럼 보이게 만들었다.

에디슨 인형이 출시되자 많은 사람이 자녀에게 선물하기 위해 장사진을 이뤘다. 하지만 얼마 지나지 않아 이 인형은 시장에서 퇴출됐다. 에디슨이 제시한 '노래하는 신기한 인형'이라는 가치를 제대로 구현하지 못했기 때문이다. 사람들은 인형이 사람처럼 아름다운 노래를 부를 것이라고 생각했다. 하지만 축음기에서 나오는 목소리는 마치 귀신이 노래를 부르듯 찢어지게 들렸다. 인형의 목소리를 들은 아이들도 공포를 느끼면서 인형을 곁에 두려 하지 않았다. 또 짧은 한 곡을 듣고 나면 매번 태엽을 돌려줘야 하는 불편도 감수해야 했다.

기업이 제안한 가치를 구현하는 제품이나 서비스를 만들었다면 다음 단계는 고객에게 가치를 인식시키는 일이다. 제품이나 서비스를 소비자가 구매해야 하는 이유를 분명하게 각인시키는 것을 말한다. 이를 고객설득이라고 한다. 설득이라는 단어에 주목해 살펴보자. 보통 자신의 주장을 상대에게 설파하는 것을 설득으로 잘못 이해하고 있는데, 이것은 설득이 아니라 강요다.

설득(說得)의 진정한 의미를 알려면 단어의 한자 뜻을 이해해야 한다. 풀이를 하자면 득(得)이 있음을 설명(說)한다는 말이다. 여기서 중요한 단어가 '득'이다. 득은 나의 득이 아니고 상대, 즉 고객의 득을 의미한다. 다시 말해 설득은 제품 또는 서비스를 구매하는 것이 고객 입장에서 득이 된다는 것을 설명하는 활동을 말한다.

홈쇼핑 방송을 살펴보면 쇼호스트들이 설득에 얼마나 정성을 들이는지 알 수 있다. 왜 이 상품이나 서비스를 구매해야 하는지, 고객에게 얼마나 득이 되는 일인지를 정말 정성 들여 설명한다. 물론 설명이 불필요할 때도 있다. 브랜드 이미지가 만들어져 있을 때다. 하지만 처음부터 브랜드 이미지가 만들어지진 않는다. 오랜 기간 상품이 갖는 득을 설명해온 결과다.

세 번째로, 제품이나 서비스에 담긴 믿음을 고객에게 온전히 넘겨주는 과정이 필요하다. 유통 관리를 통해 제품이나 서비스를 본연의 가치손상 없이 고객에게 전달하는 것을 말한다. 좋은 유통 관리에 대한 비유로 생선가게가 좋을 듯하다. 생선가게의 가치제안은 물 좋은 생선을 합리적인 가격으로 판매하는 것이다. 생선가게의 매우 중요한 가치 중 하나는 신선도다. 아무리 가격이 싸도 생선이 신선하지 않으면 고객이 살 이유가 없다. 생선가게가 물 좋은 생선을 구비하기 위해서는 산지에서 지체 없이 직송되는 유통 관리 체계를 갖춰야 한다. 산지 직송 체계를 보유한 생선가게가 그렇지 못한 가게보다 고객의 눈길을 끄는 것은 당연하다.

삼성전자의 가전제품이 세계 시장에서 앞서가는 이유 중 하나도 유통 관리 능력에서 찾을 수 있다. 삼성전자의 제품들은 당연히 품질이 좋다. 하지만 단지 그것만이 성공 이유는 아니다. 삼성전자는 가전 업계 최고 수준의 유통 능력을 갖추고 있다. 자신들이 만든 신제품을 곧바로 전 세계에 소개하고 체험하게 할 수 있다. 우선 신제품이 나오면 광고를 하고 어떤 기업보다도 빨리 매장에 신제품을 진열한다. 이 능력은 매우 중요하다. 생선가게가 신선한 생선을 구비하는 것처럼 삼성전자 제품을 파는 매장에는 항상 새로운 제품으로 차 있기 때문이다.

신제품만 이런 것은 아니다. 기존 제품도 마찬가지다. 고객이 제품을 사고 싶어 매장을 찾았는데 제품이 없어 허탕을 치면 고객이 원하는 가치를 제때에 전달하지 못한다. 삼성전자는 고객이 원하는 제품을 제때 구입할 수 있도록 공급망을 철저히 관리한다. 공급망 관리의 핵심은 전 세계 매장에서의 수요 파악이다. 삼성전자는 세계 각지의 유통망과 긴밀하게 엮여 있으며 전 세계 매장의 판매 정보와 재고 정보를 실시간으로 확인한다. 개별 매장의 판매량과 재고량을 파악하는 능력을 갖추게 되자 삼성전자는 향후 어느 정도의 주문이 들어올지를 미리 파악할 수 있게 됐다.

수요 예측이 가능해지면 제품을 얼마나 만들어야 할지도 알 수 있다. 협력 업체에 대한 공급망 관리도 수월해진다. 생산을 예측할 수 있으면 부품 수급에 대한 예측도 가능해져 협력 업체에게 필요한 수량만큼 생산을 요청하면 된다. 이전까지는 삼성전자도 그저 제품을 먼저 만들어놓은 후 쌓아놓고 팔았다. 창고에 더 이상 제품을 쌓을 곳이 없어 협력 업체들이 삼성전자의 부품 창고 역할까지 맡았던 적이 있었다. 이제는 아니다. 공급망 관리가 이뤄지면서 협력 업체에 대한 공급망 관리도 가능해졌다.

공급망과 같은 유통 관리에 더해 고객가치를 제대로 전달하기 위해서는 고객이 제품이나 서비스를 구매하는 현장에서의 접점 관리도 매우 중요하다. 한국을 떠난 까르푸(Carrefour)가 접점 관리에서 실패했다.[2] 까르푸는 월마트와 함께 세계 유통 시장을 선도하는 프랑스의 대형 유통 기업이지만 한국에서는 초라한 성적을 거뒀다. 국내에서 32곳의 점포를 운영했던 까르푸는 한국 진출 10년 만에 철수했다. 까르푸의 실패 원인 중 하나가 바로 한국 시장에 맞지 않는 접점 관리 때문이었다.

까르푸의 최대 장점은 가격경쟁력이다. 저렴한 가격으로 고객을 파고드는 힘이 강하다. 가격을 낮추려면 임대료가 저렴한 외곽에 매장을 지어야 한다. 또 고객들이 대량으로 물건을 사도록 유도해야 한다. 그런데 까르푸가 한국에 진출할 당시 한국의 소비자들은 할인형 마트에 익숙하지 않았다. 저녁이 되면 찬거리를 사러 가까운 시장에 가서 필요한 만큼만 사는 습관에 익숙해 있었다. 주로 자신이 사는 거주지 가까이에 있는 매장을 선호했다. 그러나 까르푸가 운영하는 할인점은 차량으로 이동해야 하는 도심 외곽 지역에 자리를 잡았다. 까르푸보다 늦게 시장에 진출한 한국의 대형마트들은 전략을 달리했다. 최대한 주택가와 가까운 곳에 매장을 내고객과 밀착하는 전략을 사용했다.

까르푸에는 또 다른 문제가 있었다. 매장 분위기다. 까르푸는 프랑스에서 운영하던 대로 직원 수와 편의 시설을 최소화하는 '창고형' 체계를 도입했다. 원가를 낮추기 위한 선택이었지만 후발로 뛰어든 한국의 마트들은 이 틈을 파고들었다. 한국의 마트들은 백화점처럼 쇼핑과 식사가 가능한 복합형 공간으로 매장을 꾸몄다. 고객의 입장에서는 비슷한 가격에 같은 물건을 사더라도 당연히 쾌적하고 즐길 거리가 풍부한 곳에서 쇼핑을 하고 싶어 했다.

매장 진열에서도 까르푸는 문제를 드러냈다. 까르푸는 한국인의 키와 상관없이 상품 진열대 높이를 자신들의 규정에 따라 2.2미터에 맞췄다. 한국인들에게는 까르푸의 진열대가 너무 높았다. 매장의 상품 구성 역시 본사에서 활용하던 방식을 그대로 따랐다. 우선 까르푸는 공산품을 중심으로 상품을 배치했다. 신선식품을 계산대 주변에 두어 소비자가 공산품을 먼저 구매하고 계산대로 향하면서 신선식품을 구매하도록 유도했다. 하지만 한국 소비자들은 신선식품을 먼저 구매하고 공산품을 사는 데 익숙했다. 까르푸는 매장 조명도 1,000럭스로 어두웠다. 그러다 보니 매장 구성이 한

눈에 들어오지 않았다. 내부도 비좁고 답답하게 느껴졌다.

까르푸의 강력한 경쟁자였던 이마트는 다른 방식을 취했다. 한국 소비자들의 눈높이에 맞춰 진열대 높이를 1.6~1.8미터로 낮췄다. 조명도 1,500럭스까지 높여 매장을 밝게 만들었다. 매장 구성은 신선식품을 중심으로 배치하는 방법을 택했다. 결국 소비자들은 쇼핑하기 편리한 이마트로 몰려갔고 까르푸는 관심에서 멀어져 갔다. 이처럼 까르푸가 한국을 떠날 수밖에 없었던 이유 중 하나가 바로 한국 소비자들에게 맞는 가치전달 체계의 구축에 실패한 것이다.

판매원이나 점원의 태도 역시 고객경험을 좌우하는 요소다. 서비스 비즈니스의 정설 중 하나는 "종업원이 돈을 벌어준다."이다. 그만큼 판매원이나 점원의 역할이 매우 중요하다. 맥킨지의 조사에 따르면, 고객들은 철저히 조사 후 매장에 오는 경우가 많지만 매장에서의 판매원의 태도와 권유에 따라 구매 결정을 달리하는 고객들도 40퍼센트에 이른다고 한다.[3]

최근에는 판매원의 과도한 간섭을 싫어하는 고객들이 늘어나고 있다. 이런 경우 판매원은 고객들이 상품 정보를 요청할 때만 빠르게 응대할 줄 아는 요령이 필요하다. 한 시장조사 전문 업체에 따르면, 한국의 매장 방문 경험이 있는 성인 소비자 1,000명을 대상으로 한 설문조사에서 응답자의 85.9퍼센트가 매장 직원이 말을 거는 것보다 혼자 조용히 쇼핑할 수 있는 환경을 선호한다고 응답했다. 심지어 응답자의 65.7퍼센트는 매장 직원이 과도하게 말을 거는 바람에 쇼핑을 하지 않고 매장을 나온 경험이 있다고 응답하기도 했다.[6]

앞에서 설명한 가치전달의 네 가지 요소, 즉 고객에게 가치 있는 제품과 서비스 생산하기, 고객에게 제품과 서비스의 가치를 인식시키기, 고객에게 제품이나 서비스를 가치손상 없이 전달하기, 고객이 제품이나 서비스와 만나는 순간을 긍정적으로 만들기가 모든 비즈니스에 해당하진 않는다. 네 가지 요소에서 앞으로 갈수록 제조업과 관련이 깊으며 뒤로 갈수록 유통 비즈니스 영역에 해당한다. 자신의 업종에 따라 어디에 주안점을 둬야 하는지가 달라짐을 의미한다. 그렇다고 제조업 중심인 기업이 뒷부분을 소홀히 해도 된다는 의미는 아니다. 각종 생활용품을 생산 판매하는 프록터 앤드 갬블(P&G; Procter & Gamble)의 예를 살펴보자. P&G의 가치전달 체계의 핵심은 다음과 같다.

- 질 좋은 제품을 대량으로 생산하고 유통한다.
- 광고를 통해 P&G 제품이 가치 있음을 지속적으로 알린다.
- 소매점과의 좋은 관계를 통해 매대에서 가장 좋은 자리(골든존)를 차지한다.

P&G의 소비자에 대한 가치제안은 '질 좋은 제품'과 '대량 생산'이라는 단어에서 찾을 수 있다. '질'은 경쟁사와 비교해 높은 품질을 의미한다. '대량생산'에는 P&G의 제품을 가능한 한 저렴하게 공급하겠다는 의미가 숨어 있다. 가성비, 즉 가격 대비 품질이 좋은 생활용품을 소비자에게 제공하는 것이 그들의 가치제안이다. P&G는 자신들의 의도를 소비자들이 항시 알 수 있도록 광고를 게을리하지 않고 있으며 유통 관리와 고객 접점 관리에도 많은 신경을 쓰고 있다. 특히 매장에서는 가장 좋은 매대 위치에 자신들의 제품을 진열시키는 전략을 중요하게 생각하고 있다. P&G는 제조 기업이기 때문에 소비자 접점에서의 가치전달 체계를 깊이 있게 설계할 수는 없지만 파트너인 유통 기업과의 긴밀한 유대 관계를 통해 자신들의 제품이 소비자들의 눈에 잘 띌 수 있도록 노력을 기울이고 있다.

온라인 비즈니스에서도 가치전달 체계는 중요하다. 사용자 인터페이스(UI; User Interface)와 사용자 경험(UX; User Experience) 설계가 매우 중요하다. 사용자 인터페이스란 고객이 온라인몰에서 클릭하는 방식이나 배열을 의미한다. 오프라인 매장에 빗대자면 고객이 매장에 문을 열고 들어와 마주치는 매대의 배열과 동선이 인터페이스다. 매대의 배열과 고객의 동선을 어떻게 구성하는가에 따라 고객의 시선과 발걸음이 정해진다. 또 사용자 경험이란 소비자가 온라인몰을 돌아다니며 경험하는 것과 이로 인한 느낌을 말한다.

사용자 인터페이스와 사용자 경험 모두 고객경험에 영향을 미친다. 이 중 사용자 경험은 고객경험에 한층 더 초점을 둔 설계를 말한다. 얼마 전까지는 사용자 인터페이스 설계를 중요시했다. 클릭하면 곧바로 창이 뜨는지, 다른 창으로 쉽게 이동할 수 있는지, 다시 돌아보기 위해 앞의 창으로 쉽게 이동할 수 있는지 등이 중요했다. 최근에는 소비자들에게 즐거움과 같은 개인적 경험까지 제공하고자 다양한 시도를 하고 있다.

이런 진화의 좋은 예를 한국의 온라인 패션정보몰인 지그재그(ZIGZAG)에서 찾아볼 수 있다. 지그재그는 다른 쇼핑몰과 달리 상품을 죽 늘어놓고 소비자가 알아서 돌아다니는 방식을 사용하지 않는다. 소비자들이 원하는 상품을 더 많이 더 쉽게 찾을 수 있도록 설계돼 있다. 고객이 원하는 상품을 찾기 위해 여기저기 짜증나게 돌아다녀야 하는 수고를 최대한 줄이는 것이 목표다.

지그재그 앱에 들어가면 먼저 사용자의 나이와 좋아하는 스타일에 대한 질문을 받는다. "내 연령대의 인기 상품을 추천받아보세요."라는 문구를 지나 사용자가 정보를 입력하면 다양한 종류의 코디(옷 배합) 사진이 나온다. 소비자는 사진을 보고 자신의 취향에 근접한 코디를 선택하면 된다. 그러면 지그재그는 소비자의 선택에 근접한 브랜드(해당 브랜드 쇼핑몰들)를 소개하고 해당 브랜드(쇼핑몰)에 대한 소비자들의 선호 순위를 보여준다. 소비자는 그중에서 마음에 드는 쇼핑몰을 클릭한 후 쇼핑몰을 돌아다니며 자신이 사고 싶은 상품을 정하면 된다. 선택된 제품은 상품 카테고리별 카트(폴더)에 저장된다. 최종 구매 선택을 하기 전 다른 상품을 더 보고 싶으면 선택한 상품을 클릭하면 된다. 그러면 다른 상품들 정보가 뜬다. 한마디로 지그재그는 소비자의 취향에 가장 근접한 제품을 빠르게 소개함으로써 소비자가 몰에서 원하는 제품을 찾기 위해 헤매는 수고를 최대한 줄여주도록 설계돼 있다.

고객정보탐색: 고객으로부터 정보 얻기

고객에 대한 정의와 가치제안이 마련되고 가치전달 체계가 설계되면 마지막으로 고객정보를 어떻게 얻을 것인가를 고려해야 한다.[5] 두 가지 방법이 있다. 하나는 피드백을 활용하는 것이고 다른 하나는 피드포워드를 활용하는 것이다. 피드백이란 소비자의 긍정적 또는 부정적 경험이 기업에 전달되는 것을 말한다. 피드포워드는 피드백과 달리 미래에 일어날지 모르는 사건에 대한 정보를 미리 얻는 것을 말한다.

피드백과 피드포워드의 개념을 좀 더 잘 이해하기 위해 양궁 경기를 살펴보자. 피드백은 앞서 쏜 화살이 과녁에 잘 맞았는지 아닌지에 대한 정보를 얻는 것을 말한다. 잘 맞았다면 앞에서 쏜 방식대로 쏘면 되고 그렇지 않다면 쏘는 방식을 바꿔야 한다. 피드포워드는 경기 중 바람이 불거나 비가 올 때 이뤄진다. 이런 환경에서는 선수가 아무리 조준경을 잘 맞춰도 과녁에 적중시키기가 어렵다. 이럴 경우 선수들은 오조준을 한다. 바람의 방향이나 내리는 비를 감안해 조준 방향을 달리하는 것이다. 이것이 피드포워드에 의한 행동이다.

기업에서도 유사한 일이 벌어진다. 기업이 무언가를 잘못하거나 잘하고 있다는 정보를 얻는 것이 피드백이다. 피드백을 통한 고객 정보를 이용하면 기업은 고객에게 더 가까이 다가가며 외적 정합성을 높일 수 있다. 간혹 기업 성과는 기업 자체의 시스템과 관계없이 환경의 급격한 변화에 영향을 받기도 한다. 마치 양궁 경기에서 바람이 부는 것 같은 상황이 발생했을 때 필요한 것이 피드포워드다. 휴대전화 시장의 최강자였던 노키아(NOKIA)는 가장 효율적인 생산 시스템을 구축하고 있었다. 하지만 피드포워드 정보에 둔감해 결국 망하고 말았다. 노키아는 스티브 잡스가 만든 '아이폰'이라는 태풍을 감지하지 못했다. 소비자와 시장이 아이폰에 열광하고 있을 때 노키아는 이를 무시했다.

일본에는 치간칫솔 분야에서 앞서가는 덴탈프로(DENTALPRO)라는 중소기업이 있다. 칫솔모를 포함해 몸체까지 온통 검은색인 블랙 칫솔로 유명해진 기업이다. 기존의 치간칫솔 분야 강자들인 존슨앤존슨(Johnson & Johnson), 가오(Kao, 花王), 라이온(LION) 같은 기업들을 앞질러 시장 점유율 1위 자리를 차지하고 있다.

덴탈프로는 일곱 가지 크기의 치간칫솔을 생산하고 있다.[6] 처음에는 한 가지 제품만 출시했다가 소비자들의 피드백을 반영해 여러 종류를 내놓게 됐다. 그런데 덴탈프로가 치간칫솔을 처음 출시했을 당시 반품이 줄을 이었다. 소비자들의 불만의 목소리가 매우 컸다. 치간칫솔 두께 때문이었다. 사람마다 이 사이의 간격과 잇몸 상태가 다름을 고려하지 않고 한 가지 규격의 치간칫솔을 내놓은 것이 원인이었다.

덴탈프로는 고객 불만을 접수한 후 곧바로 제품을 개선했다. 사람들의 이, 잇몸 등 좀 더 상세한 구강 정보를 바탕으로 칫솔을 다양화했다. 잇몸이 민감한 사람들을 위해서는 철심이 아닌 실리콘 칫솔을 만들었다. 무료 교환 행사도 실시했다. 치간칫솔을 처음 사용하는 사람들을 배려해 소비자가 일단 사용해보고 맞지 않으면 교환해주는 프로그램도 도입했다. 그러자 고객들의 충성도가 급격히 올라가기 시작했다.

고객으로부터 좀 더 체계적으로 피드백을 얻고자 한다면 다음의 세 가지 방법을 활용하면 된다.

- 고객 정보 찾기: 인터넷이나 SNS상에서 고객들의 정보를 얻을 것
- 고객 센터 활용하기: 홈페이지, 이메일, 전화 등을 이용해 고객의 목소리를 들을 것
- 고객 모니터링하기: 고객의 만족 수준을 알기 위해 고객을 직접적으로 관찰할 것

고객 정보 찾기는 인터넷이나 SNS에서 고객들이 자발적으로 올리는 정보를 탐색하는 것을 말한다. 네이버 쇼핑 카테고리나 각종 커뮤니티에는 특정 제품이나 서비스에 대한 글들이 무수히 달리고 있다. 평점을 매기기도 한다. 어떤 기업들은 이러한 피드백을 무시한다. 하지만 이런 소비자들의 목소리를 듣지 않는 것은 엄청난 실수를 유발할 수 있다. 물론 인터넷이나 SNS에 올라온 글이나 평점 중에는 비방을 목적으로 한 것들도 있다. 하지만 전체적으로 잘 살펴보면 고객들의 전반적 의중을 읽을 수 있다. 이를 알아내는 것이 고객 정보를 활용하는 첫 번째 방법이다.

고객 센터를 활용하는 것은 고객 정보 찾기보다 고객의 정보를 적극적으로 획득하는 방법이다. 홈페이지에 고객들이 의견을 적을 수 있도록 하거나 전화로 불편사항이나 불만족을 토로할 수 있는 통로를 만들어주는 것이다. 고객 센터를 활용해 성장한 기업의 예로 전기밥솥을 만드는 쿠쿠가 대표적이다.[7] 쿠쿠 전기밥솥은 이제 한국에서뿐만 아니라 전 세계에서 매우 인기 있는 제품이다. 한

사건이 계기가 됐다. 어느 날 쿠쿠 고객 센터에 한 통의 전화가 걸려왔다. 주요 내용은 밥솥을 사용하기가 너무 불편하다는 것이었다. 해당 고객은 밥솥이 더러워져 씻으려고 하는데 밥솥 내부의 압력 조절 뚜껑이 분리되지 않아 밥솥 씻기가 어렵다며 불만을 토로했다.

밥솥 설거지를 해보지 않은 사람들은 이 상황을 이해하기 어렵다. 밥솥을 사용하다 보면 밥솥가마뿐만 아니라 다른 부분도 더러워진다. 특히 밥을 짓는 동안 뚜껑 안쪽 위에 붙어 있는 압력 조절판에 수증기가 모이게 되는데 시간이 지날수록 매우 지저분해진다. 이 부분을 씻으려면 밥솥 전체를 뒤집어 뚜껑을 아래로 향하게 한 다음 압력 조절판 뚜껑을 물로 씻어야 한다. 압력 조절판이 떨어지지 않기 때문에 일어나는 일이다. 이를 불편하게 느낀 한 주부가 고객 센터에 문제를 제기한 것이다.

내부의 뚜껑을 분리하는 일은 쉽지 않았다. 단순히 분리하는 것으로 끝이 아니었다. 탈부착이 가능하도록 만들면 자칫 내부 압력을 유지하기 어려워져 밥솥에 치명적인 결함이 생길 수 있었다. 하지만 쿠쿠는 3년의 연구 끝에 어떤 밥솥 기업도 해내지 못한 일을 해냈다. 밥솥 내부의 뚜껑이 분리되는 제품을 만든 것이다. 고객이 제기한 불만에서 출발한 이 혁신적인 기술 하나로 쿠쿠는 밥솥 시장을 장악하는 계기를 만들었다.

고객 모니터링이란 고객에 대한 정보를 주기적으로 얻는 활동을 말한다. 고객에 대한 설문조사나 고객을 대상으로 하는 인터뷰를 떠올리면 된다. 홈쇼핑 기업은 자신들이 판매하는 제품에 대한 소비자 반응을 알아내는 것이 비즈니스 성공의 핵심임을 잘 알고 있어 고객에 대한 모니터링을 등한시하지 않는다. '고객 모니터링 평가단'이 한 예다. 롯데홈쇼핑은 방송, 주문, 배송, 서비스 등에 대한 고객경험 서비스 전반에 걸쳐 의견을 청취하고 이를 바탕으로 서비스를 개선하기 위해 2018년부터 고객 모니터링 제도를 시행하고 있다.[8]

최근에는 피드포워드를 강화하는 기업들이 늘고 있다. 레고(Lego)는 블록 맞추기 놀이로 어린아이들에게 큰 인기를 누리고 있는 기업이다.[9] 하지만 1990년 후반 다양한 컴퓨터 게임이 등장하면서 사정이 바뀌었다. 레고는 이 상황을 극복하기 위해 두 개의 신제품을 출시했다. '레고 스타워즈(Lego Star Wars)'와 일종의 로봇인 '레고 마인드스톰(Lego Mindstorms)'이다.

이 중 마인드스톰과 관련된 사건 하나가 레고로 하여금 피드포워드에 눈을 뜨게 만드는 계기가 됐다. 1998년 마인드스톰이 출시된 후 얼마 지나지 않아 인터넷에서는 해킹을 통해 변형된 레고로봇 솔루션이 마구 쏟아져 나왔다. 처음에는 레고 측에서 불법 판매자들을 상대로 소송을 진행하려 했다. 하지만 그들은 생각을 바꿨다. 오히려 불법 판매자들을 활용하면 자신들에게 득이 될 것이라고 판단해 소스 프로그램을 개방하고 누구나 마음대로 프로그램을 수정할 수 있도록 했다. 그들의 예상은 적중했다. 회사가 미처 생각하지 못한 다양한 솔루션들이 나오면서 고객들의 반응이 뜨거워지기 시작했다. 매출도 수직상승했다.

이후 레고는 소스 프로그램을 개방하는 방식을 제품 개발의 핵심 프로세스로 정착시켰다. 이제는 전 제품에 걸쳐 유사한 피드포워드 방식을 활용하고 있다. 특히 정기적으로 열리는 팬 축제를 통해 새로운 개발품들을 소개하며 누구나 자신의 개발품을 선보일 수 있는 경연대회와 경매도 진행하고 있다. 이곳에서 얻은 정보를 기초로 레고는 새로운 상품도 개발하고 있다.

BMW에서도 2010년부터 '협력창조 실험실(Co-creation Lab)'이라는 온라인 사이트를 운영하고 있다. 자동차 마니아 혹은 자동차에 관심이 많은 사람의 창의적 아이디어를 발굴하기 위한 장이다. 일종의 피드포워드 장치다. 여기 참여하는 사람들은 BMW가 내놓은 디자인을 비평하거나 BMW에서 개최하는 각종 경연대회에 자신들의 아이디어를 출품할 수 있다. 협력창조 실험실의 수상자들은 본사의 기획회의에도 참여할 수 있다.

1. 비즈니스의 출발은 고객에 대한 이해에서 시작돼야 한다. 누가 우리의 고객이고(고객정의), 그들이 무엇을 원하고 그들에게 어떤 가치를 제안할 것인지(가치제안), 그들의 요구를 우리가 어떻게 전달할 것인지(가치전달), 그리고 고객정보를 어떻게 얻을 것인지(고객정보탐색)를 고민하는 것이 핵심이다.

2. 고객에게 가치를 제안할 때는 구매준비 단계, 구매 과정, 구매 이후의 경험을 모두 포함할 수 있도록 폭넓게 반영돼야 한다.

3. 가치전달을 위해서는 네 가지 사항을 염두에 둬야 한다. 고객에게 가치 있는 제품과 서비스를 생산하는 것, 고객에게 제품과 서비스의 가치를 인식시키는 것, 고객에게 제품이나 서비스를 가치손상 없이 전달하는 것, 고객이 제품이나 서비스를 만나는 순간을 긍정적으로 만드는 것이다.

4. 고객정보탐색 시에는 고객이 제공하는 피드백과 피드포워드에 주목해야 한다.

제 4 장

기업만의 킬러역량을 갖추라

두 번째 거울:
가치생성 모델을 설계하고 살펴보는 거울

"중요하지 않은 것에 시간을 낭비하지 말라.
우리는 정말 중요한 일을 미루고 피하기 위해서
그다지 중요하지 않은 일들에 매달리는 경향이 많이 있다."

_주얼 D. 테일러, 《나를 바꾸는 데는 단 하루도 걸리지 않는다》 저자

고객을 정의하고 이들에게 어떤 가치를 주며, 이 가치를 어떻게 전달할 것인지 그리고 고객정보를 어떻게 활용할 것인지를 고민하는 것이 비즈니스의 시작점이다. 하지만 그것으로 끝이 아니다. 고객가치를 자신들만의 독특한 방식으로 만들어내고(킬러역량) 이것을 구현할 수 있는 프로세스를 구축하는 일이 뒤따라야 한다(가치생성 프로세스). 여기에 외부 파트너들과의 질 높은 협력 관계를 구축하고(파트너십) 비즈니스 성과에 문제가 생겼을 때 그리고 변화하는 환경에 대응할 방법도 생각해야 한다(성찰과 기회탐색). 이러한 일련의 과정을 고민하는 것을 비즈니스 모델에서는 가치생성 모델을 설계한다고 말한다. 그 시작은 킬러역량을 설계하는 것이다.

킬러역량 설계하기

고객으로부터 선택받고 싶다면 기업은 반드시 자신만의 킬러역량을 가지고 있어야 한다. 킬러역량을 설명하기 앞서 킬러역량의 구현요소인 Q^2CDA^2E를 먼저 살펴보자. 킬러역량 구현에 필요한 요소들의 영어 앞 글자를 딴 것이다.

Q^2은 양(quantity)과 품질(quality)을 의미한다. 양이란 고객이 요구하는 물량을 채워줄 수 있는 능력이다. 제조업의 경우는 생산능력을 말하며 유통업에서는 충분한 소싱능력(획득능력)을 의미한다. 양은 B2C 기업뿐만 아니라 B2B 기업에도 중요하다. 생산능력이나 대량의 소싱능력이 없으면 대규모 수주를 따낼 수 없다. 아울러 높은 품질의 유지는 기업이 가져야 할 역량 중 하나다. C는 비용(cost)을 의미한다. 비용을 낮출 수 있는 능력은 기업에 매우 중요한 역량이다. 소비자들은 일정한 품질을 유지하며 가격까지 좋으면 가성비가 높다고 생각한다.

D는 생산된 제품이나 서비스를 적기에 납품(delivery)하는 능력을 의미한다. A^2은 민첩성(agility)과 애프터서비스(afterservice)를 말한다. 민첩성은 고객의 변화 요구에 재빠르게 대응하는 능력을 의미한다. 또 다른 A인 애프터서비스는 소비자의 불만에 빠르고 정확하게 대응하는 것과 환불이나 교환 서비스를 빈틈없이 하는 것을 말한다. E는 앞서 설명한 고객경험(experience)과 관련 있다. 고객이 제품이나 서비스의 구매 및 구매 과정 그리고 구매 후에 느낄 긍정적 감정을 설계하는 것을 말한다.

기업이 최고의 경쟁력을 유지하려면 Q^2CDA^2E를 완벽하게 갖춰야 한다. 하지만 이것은 매우 힘들 뿐만 아니라 비용도 만만찮다. Q^2CDA^2E의 모든 역량을 다 갖출 수 없다면 경쟁자를 압도하거나 고객이 우리와 거래하지 않을 수 없게 만드는 하나 이상의 역량을 가지고 있어야 한다. 이것을 '킬러역량'이라고 한다. 성공하는 기업들은 자신들만의 킬러역량을 반드시 가지고 있다.

한국의 중소기업 중에 각종 자동차에 쓰이는 볼트를 생산하는 동진볼트라는 업체가 있다.[1] 이곳의 킬러역량은 납기일과 품질을 철저히 지키는 것이다. 특히 이 업체에서는 납기일을 흡사 종교의 교리처럼 받아들인다. 동진볼트는 납기가 아무리 촉박해도 발주자가 원하는 날 정확히 물건을 공급하는 능력 면에서 업계 최고 수준이다. 이러한 능력을 유지하기 위해 동진볼트는 두 가지 노력을 하고 있다. 하나는 끊임없는 교육이다. 일주일에 한 번씩 사내 교육을 실시하고 석 달에 한 번은 외부 전문가를 초청해 교육한다. 납기일을 지키기 위한 시스템 운영과 안전 관리가 주 내용이다.

다른 하나는 품질을 높이기 위한 노력이다. 중소기업에서 불량률 제로에 도전하기는 쉽지 않다. 하지만 동진볼트는 매년 수억 원의 연구개발비를 품질 및 기술 개발을 위해 쏟아붓고 있다. 품질 개선을 위해 노력하면서 납기일을 한 번도 어기지 않는 기업을 누가 싫어하겠는가?

자동차 업계에서 최고의 경쟁력을 갖춘 기업은 어디일까? 다름 아닌 BMW다.[2] BMW의 킬러역량은 고객이 요구하는 모든 종류의 차종을 하나의 라인에서 만드는 유연 생산 체계다. 이와 관련해 BMW에는 재미있는 경영 방침이 하나 있다. 이들은 경영 상황이 나빠질 것에 대비해 공장의 생산능력을 시장의 수요보다 적게 운용하는 것으로 알려져 있다. 이런 방식을 고수하면 일반적으로 고객에게 차량을 늦게 인도할 가능성이 높다. 하지만 고도화된 유연 생산 체계 덕분에 BMW는 고객이 요구하는 시점에 차를 정확히 제공한다.

그 출발은 주문 후 제작하는 BMW의 생산 방식에서 시작된다. BMW는 하나의 생산 라인에서 매우 많은 차종을 만든다. 모델별·엔진별·고객옵션별·수출별 등의 모든 경우의 수를 합치면 이론적으로는 10^{64}종류의 차를 한 라인에서 만들 수 있다고 한다. 실제로 하나의 라인에서 완전히 똑같은 차가 조립되는 경우는 3년에 한 번 정도 있을까 말까 한 일이라고 한다.

BMW의 모든 공정이 디지털화돼 있기에 가능한 일이다. 이러한 생산 체계를 기초로 필요 부품이 적기에 공급되고 있다. 심지어 모델 변경 요청이 있어도 라인 교체 작업을 하지 않는다. 교체가 잦아지면 그만큼 생산은 지연되므로 BMW에서는 아무리 복잡한 주문도 한 라인에서 지체 없이 처리한다. 근로자들도 다양한 업무를 처리할 수 있도록 훈련돼 있다. BMW의 작업자들은 25가지 정도의 상이한 업무를 해낼 수 있다고 한다.

아마존은 전 세계 온라인 쇼핑몰 중 가장 단기간에 성공한 기업이다. 인터넷 서점에서 출발했지만 이제는 팔지 않는 제품이 없을 정도로 모든 것을 파는 거대 쇼핑몰로 성장했다. 아마존은 풀필먼트 서비스의 효시이지만 킬러역량은 초스피드 민첩성이다. 아마존의 내부 연구 결과에 따르면 인터넷 화면의 속도가 0.1초 느려질 때마다 고객의 반응은 1퍼센트씩 나빠진다고 한다. 인터넷 비즈니스에서 사용자 인터페이스가 갖는 속도의 중요성을 뼈저리게 실감할 수 있는 대목이다.

일찍부터 속도의 중요성을 깨달은 아마존은 어떤 곳보다 빠르게 책을 찾을 수 있는 서비스를 제공한다. 단 한 번의 클릭만으로 상품을 구매할 수 있는 '원클릭(one-click)' 서비스가 대표적이다. 전자책의 경우, '위스퍼넷(Whispernet)'이라는 서비스 덕분에 세계 어디에 있든 휴대전화와 인터넷을 통해 1~2분 안에 책을 다운받아 볼 수 있다.

아마존은 배송에서도 초스피드를 자랑한다. 당일배송이 그 예다. 영국과 미국 내 열 개 도시에서는 오전 9시 이전에 상품을 주문하면 당일 저녁에 물건을 받아볼 수 있다. 배송 가격은 3.99달러다. 또 아마존의 핵심사업 중 하나로 클라우드 컴퓨팅 서비스인 'AWS(Amazon Web Service)'도 주목할 만하다. 넷플릭스(Netflix)

나 인스타그램(Instagram) 같은 인터넷 회사들과 미국 항공우주국 (NASA) 같은 곳을 주 고객으로 서비스하고 있다. 고객들이 AWS에 몰리는 이유 중 하나 역시 초스피드에 있다. 다른 업체들의 경우 서버를 계약하고 이용하는 데 최소 2~3시간이 걸린다. 하지만 아마존에서는 10분이면 충분하다.

아마존의 킬러역량인 초스피드는 일하는 방식에도 적용된다.[3] 이 회사에는 이른바 '피자 두 판 규칙'이란 것이 있다. 한곳에 모여 일하는 사람들의 숫자를 6~10명, 즉 라지 사이즈 피자 두 판으로 한 끼를 해결할 수 있는 정도로 제한한다는 규칙이다. 일을 빠르게 창의적으로 할 수 있는 최적의 숫자를 넘어서면 팀이 관료화돼 좋은 결과를 얻을 수 없다는 발상이다.

국내에서는 이랜드가 초스피드를 킬러역량으로 삼고 있다. 이랜드는 최근 유행하는 패스트패션인 SPA(Specialty store retailer of Private label Apparel, 자사상표 전문소매점)브랜드를 운영하고 있다. SPA브랜드의 경우 제품기획부터 디자인, 생산, 판매점 입고까지 걸리는 시간이 매우 짧다.

대표적 SPA브랜드인 자라(ZARA)는 그 기간이 2주 정도인데, 이랜드는 더 빠르다. 불과 이틀이면 된다. 이랜드가 가진 킬러역량의 비밀은 서울 답십리에 300평 규모로 만든 '스피드 오피스'에서 찾을 수 있다. 이곳은 두 개의 생산 공장과 전시실 및 사진 촬영실과

직송 창고를 갖추고 있다. 또한 의류 생산에 필요한 모든 원부자재를 신속하게 조달할 수 있는 동대문 시장에서 매우 가깝다. 여기서 이랜드는 제품당 30~100장 정도 생산한 후 플래그십 매장에 전시해 고객 반응을 살핀다. 판매 가능성이 확인되면 별도의 공장에서 생산량을 늘린다. 베트남 공장의 경우는 이 주기가 5일이다.[4]

초스피드를 킬러역량으로 삼는 기업은 또 있다. 세계 3대 시멘트 기업이자 멕시코에서 가장 존경받는 기업인 시멕스(CEMEX)라는 곳이다.[5] 시멕스의 킬러역량은 '피자 배달보다 빠른 콘크리트 공급'이라는 슬로건에서 잘 드러난다. 그들은 왜 이런 슬로건을 내세웠을까? 먼저 시멕스는 자사의 고객들이 시간과 싸우고 있음을 간파했다. 적기에 공급되지 않는 콘크리트는 무용지물에 불과하기 때문이다. 시멕스가 내놓은 해결책은 'GPS 기반 통합 업무 시스템'이었다. 그들은 배송 트럭마다 컴퓨터를 설치하고 고객사에도 위성 통신 시스템을 구축했다. 고객이 주문을 하면 본사에서는 고객과 가장 가까운 곳에 있는 트럭을 연결해준다. 그러자 배송 시간이 20분으로 줄어들었다.

초스피드로 고객의 시간을 아꼈지만, 문제는 또 있었다. 멕시코에서는 배송 당일에 주문을 취소하는 경우가 다반사로 일어났다. 이를 해결하고자 시멕스에서는 고객의 주문이 어떻게 처리되는지 직접 확인할 수 있는 인터넷 포털사이트를 개설했다. 이 문제 역시

GPS 기반 통합 업무 시스템으로 해결했다. 예를 들어, 배달되기 직전 고객이 주문을 취소하면 시스템에서 트럭의 행선지를 바꿔준다. 그러면 트럭은 다른 공사장으로 이동되도록 조치된다. 주문이 취소됐다고 해도 고객으로부터 위약금을 받지 않았다. 그러니 멕시코 사람들이 시멕스를 싫어할 수 있겠는가?

창고형 슈퍼마켓인 코스트코(COSTCO)가 성공한 것도 자신들만의 킬러역량을 찾아낸 덕분이다. 코스트코의 전략은 기본적으로 소비자에게 가성비(C) 높은 최고의 상품을 제공하는 것이다. 하지만 가격을 저렴하게 한다고 해서 절대 품질(Q)에 손대지 않는다. 코스트코는 각국에 매장을 낼 때 그 나라에서 품질이 좋다고 인정받은 1~2등 제품만을 소매보다 저렴한 가격으로 입점시킨다. 그 대신 대량으로 주문 판매해 저렴하게 납품한 손실을 만회시켜준다. 또한 다른 나라에서 인기 좋은 제품들을 수시로 발굴해 채워넣는다. 각국의 머천다이저(상품 소싱담당자)들은 주기적으로 모여 각국에서 잘 팔리는 상품에 대한 정보를 교환한다. 이때 판매 가능성이 높다고 판단되면 머천다이저는 해당 기업에 바로 주문을 넣는다.

가격을 낮추는 능력도 킬러역량 중 하나다. 요텔(Yotel)이라는 호텔 체인이 있다. 런던 히드로 공항이나 파리 샤를 드골 공항에 가면 볼 수 있다. 이 호텔의 방은 매우 작다. 한 사람이 누울 수 있는

침대와 기내 화장실 크기의 화장실이 전부다. 다른 호텔에서 볼 수 있는 욕실은 아예 없다. 요텔은 왜 이런 비즈니스를 계획했을까?

이들이 주목한 고객은 바쁜 동선 속에서 투숙하는 여행객이다. 이들에게 필요한 것은 편안하게 잠을 잘 수 있는 공간과 비즈니스를 위한 초고속 와이파이다. 요텔은 두 가지에 집중하고 다른 서비스에 들어가는 비용은 모두 생략했다. 그러다 보니 호텔 운영에 들어가야 할 비용이 대폭 줄었다. 그만큼 고객이 지불할 가격도 낮아졌다.

여기서 주의할 점이 하나 있다. Q^2CDA^2E에 기반한 킬러역량을 수립할 때에는 고객의 니즈를 명확히 알아야 한다는 점이다. 이들 요인 중 무엇이 가장 핵심적으로 고객의 가치에 부합하는지를 알아야 한다. 무조건 가격만 낮춘다고 고객이 좋아하지 않는다. 킬러역량을 구축하려면 타깃 고객의 가치를 명확히 아는 것이 전제 조건이다.

가치생성 프로세스 설계하기

킬러역량을 정의했다면 이를 구현할 수 있는 프로세스를 구축해야 한다. 다시 아마존 이야기로 돌아가보자. 스피드의 중요성을 인식한 아마존은 이를 자신들의 킬러역량으로 구현하기 위한 행동을 개시했다. 당일배송을 실현하기 위해 아마존은 로스앤젤레스와 샌프란시스코 등지에 핵심물류센터를 건립했다. 모든 물류센터를 로봇화해 매우 빠른 속도로 일 처리를 할 수 있도록 설계했다. 또한 AWS의 스피드를 높이기 위해 가동 서버를 대폭 늘렸다.

일본에는 진즈(JINS)라는 안경 기업이 있다. 일본에서 가장 저렴하게 안경을 파는 기업으로 유명하다. 이 기업의 설립자는 한국의 남대문 안경점들이 일본 안경점의 10분의 1 가격으로 판매하는 것에 영감을 받아 일본에 가성비 좋은 안경을 제공하는 기업을 설립했다. 이 기업의 핵심 경쟁력은 가격이다. 일본의 안경 시장을 석권한 진즈의 가격 정책에는 어떤 비결이 숨어 있을까?

일반적으로 일본 안경점들은 도매상으로부터 안경을 조달받아 판매하는 방식을 쓴다. 도매상 마진으로 인해 최종 판매가가 비쌀 수밖에 없었다. 이 회사는 자신들이 디자인한 안경테를 해외에서 직접 제조해 수입하는 방식으로 안경 단가를 낮췄다. 그러다 보니 일본의 다른 경쟁사는 도저히 따라갈 수 없는 가격인 5천~1만 엔에 안경을 팔 수 있었다. 안경 가격은 테뿐만 아니라 렌즈에 의해서도 영향받는다. 보통 일본의 다른 안경점들은 기본 요금에 렌즈의 두께나 도수 그리고 브랜드에 따라 추가로 1만 엔 이상을 받고 있었다. 진즈는 하나의 렌즈 제조사에서 모든 물량을 조달하는 계약을 체결한 후 렌즈 가격을 파격적으로 낮췄다. 또한 정찰로 제시된 안경 가격 이외에 렌즈의 종류나 두께 그리고 도수에 따른 추가 가격을 받지 않는 전략을 수립했다.

진즈와 유사하게 안경업으로 창업 5년 만에 혁신 기업으로 떠오른 미국 기업이 있다. 안경 유통 회사 와비파커(Warby Parker)다. 역시 미국의 안경값이 너무 비싸서 창업한 회사다. 네 명의 창업자 중의 한 명인 데이비드 길보아(David Gilboa)는 해외여행 중에 안경을 잃어버린 경험이 있었다. 안경을 구매하려고 보니 미국의 안경이 너무 비싼 것을 발견하고는 "안경값이 비싼 이유가 뭘까?"를 생각하다 창업했다고 한다.

네 명의 동업자들은 안경값이 비싼 이유를 조사했고 이탈리아의 룩소티카(Luxottica)라는 회사가 미국의 안경 시장을 지배하고 있음을 알게 됐다. 룩소티카는 레이밴(Ray-Ban)을 비롯한 샤넬(CHANEL), 프라다(PRADA) 등 50여 개의 세계적 브랜드의 사용권을 확보해 안경을 제작, 판매, 유통하는 종합 기업이다. 이 회사에서 독점력을 무기로 미국의 소매 안경점에 안경을 공급하니 값이 비쌀 수밖에 없었다.

네 명의 창업자들은 룩소티카를 거치지 않고 공장에서 소비자에게 바로 전달되는 유통 경로를 구축할 수 있으면 저렴하게 안경을 공급할 수 있다는 결론에 도달했다. 그리고 와비파커를 설립했다.

와비파커의 창업자들은 저렴한 안경을 공급하는 킬러역량을 구현하는 방법으로 오프라인 판매가 아닌 온라인 판매를 시도했다. 오프라인 판매 방식은 룩소티카의 영향력에서 벗어나기 어렵기 때문이었다. 그들은 온라인 판매 방식이 공장에서 소비자에게 안경을 바로 전달할 수 있는 가장 간단한 구조라고 생각했다. 그리고 안경 디자인부터 제조, 판매에 이르는 모든 과정을 매우 단순하게 압축시켰다. 가격은 미국 평균 가격의 5분의 1 수준인 95달러로 책정했다. 소비자가 "이렇게 싸도 돼?"(와우경험) 할 정도로 낮춘 것이다.

하지만 소비자들은 온라인 판매라고 해도 본인들이 안경을 써보고 구매하기를 원했다. 이 문제를 보완하기 위해 와비파커는 3단계의 주문 과정을 설계했다. 첫 번째는 와비파커 홈페이지에서 마음에 드는 안경 다섯 가지를 고르게 한 후 샘플을 집으로 배송하는 것이다. 다음으로 고객이 5일 동안 안경을 써본 뒤 가장 마음에 드는 안경을 택하도록 한다. 마지막으로 마음에 드는 안경테가 선택되면 시력 검사 결과와 눈 사이 거리 등을 홈페이지에 입력하도록 한다. 이렇게 하면 2주 뒤 맞춤 안경을 받을 수 있다.

참고로 미국에서는 안경점에서 도수를 측정하는 행위가 불법이다. 안경을 맞추려면 무조건 안과에 가서 도수 측정한 결과를 안경점에 전달해야 한다. 와비파커의 전략은 미국에서 폭발적인 인기를 끌었다. 와비파커는 창업 5년 만에 구글, 애플, 알리바바 등 쟁쟁한 기업을 물리치고 세계에서 가장 혁신적인 기업 1위로 꼽혔다.[6]

외부와의 파트너십 설계하기

킬러역량을 구현하고자 할 때 결코 가볍게 다뤄서는 안 되는 것이 파트너십이다. 부산에 협성종합건업이라는 건설 업체가 있다.[7] 이 회사에서는 매월 협력 업체와 거래를 하고 있는 재하청 근로자들의 임금을 입금하고 있다. 이는 매우 이례적인 것으로 하도급 업체 직원들을 돕기 위해 선택한 일이라고 한다.

건설업은 경기의 부침이 심한 업종이다. 그러다 보니 협력 업체들이 부도를 내는 일도 적지 않다. 협력 업체가 부도를 내면 재하청을 받은 영세 기업의 근로자들은 급여를 받지 못하는 경우가 비일비재하게 발생한다. 그러면 이들은 모회사로 몰려와 데모를 한다. 아무 잘못이 없는 곳에 와서 하소연을 하는 셈이다.

협성종합건업은 재하청 근로자들의 임금 문제를 해결하지 않고서는 협력 업체와의 관계만 나빠질 뿐, 더 이상 제대로 된 비즈니스를 할 수 없다고 판단했다. 이후 협력 업체들을 설득해 재하청 근로자들의 임금을 모회사가 직접 지불하는 제도를 시행했다. 처음에는 반대도 많았지만 일일이 찾아가 설득했다. 과정은 어려웠지만 결과는 좋았다. 재하청 업체 근로자들이 모회사로 몰려와 데모하는 일이 사라졌을 뿐만 아니라 협성종합건업의 일이라면 다른 일을 제치고 성실히 도왔다. 자신들의 인건비가 떼일 염려가 사라지자 자발적으로 나서기 시작한 것이다.

또 다른 예로 홍콩의 의류 업체 리앤펑(Li & Fung)을 들 수 있다.[8] 이 회사는 파트너십만으로 연간 200억 달러의 매출을 올리고 있다. 리앤펑은 자체 생산 시설이 없다. 이 회사는 파트너십을 맺은 공급망 관리만으로 연간 20억 벌이 넘는 옷을 납품받아 판매한다. 원자재 구매 및 생산 과정은 협력 업체가 모두 맡는다. 리앤펑은 단지 이들을 관리할 뿐이다. 이곳에서 관리하는 업체의 공장만 따져도 40개국에 걸쳐 약 3만 개에 이른다.

리앤펑이 처음부터 이런 방식으로 비즈니스를 했던 것은 아니다. 1906년 창립된 이 회사는 장난감과 원단 등을 파는 무역중개업으로 출발했다. 이때만 해도 생산 공장을 갖고 있었다. 하지만 펑 회장이 새로운 CEO로 등장하면서 변화를 일으켰다. 그는 협력 업체만으로 비즈니스를 하는 방식을 도입했다. 자신들이 공장을 가지고 있으면 협력 업체와 경쟁 관계에 놓이므로 원활한 협력이 어렵다고 판단한 것이다. 이 회사의 사업 방식은 이렇다. 리앤펑이 미국의 대형마트에서 수주를 받으면 방글라데시에 있는 협력 업체 공장에 봉제를 맡긴다. 그리고 이 업체는 리앤펑의 도움을 받아 단추는 중국, 지퍼는 일본, 실은 파키스탄에서 구매한다.

리앤펑이 협력 업체만으로 비즈니스를 할 수 있는 데에는 세 가지 비결이 있다. 첫째, 협력 업체 네트워크를 관리하는 공급자 관리 시스템이다. 40개국에 구축한 300여 개의 지역사무소와 물류 거점 시스템을 통해 모든 외주 관리가 통합적으로 이뤄진다.

둘째는 '30/70 규칙'이다. 협력 업체가 가진 생산 능력의 30퍼센트 이상, 하지만 70퍼센트를 넘지 않게 일감을 준다는 원칙이다. 30/70 규칙은 협력 업체에 지나치게 의존하지 않으면서도 좋은 관계를 유지하기 위한 황금률이다. 펑 회장은 이 규칙을 액체, 고체, 기체에 비유한다. 30퍼센트 미만은 기체 상태로, 협력 업체와 지속적 관계를 유지하기 어려운 수준이다. 70퍼센트가 넘으면 고체 상태로, 유연성이 사라지는 수준이다. 가장 좋은 것은 30퍼센트와 70퍼센트 사이인 액체 상태를 유지하는 것이다. 이것이 바로 30/70 규칙이다. 또한 여기에는 리앤펑에만 전적으로 의지하지 말라는 의미도 담겨 있다. 협력 업체 스스로 생산 능력의 30퍼센트 정도를 활용해 거래처를 개척해야 창의성을 살릴 수 있다는 뜻이다.

셋째, 항상 새로운 협력 업체를 찾아 나서는 것이다. 단, 리앤펑은 새로운 협력 업체와 거래를 시작할 때 협력 업체가 이미 몸담고 있는 기존 사업에는 진출하지 않겠다고 약속한다. 협력 업체들에게 강한 신뢰를 줌으로써 장기간의 상생을 도모하려는 취지에서 세운 원칙이다. 이런 행동은 네트워크 내에 있는 다른 업체들이 적당한 긴장을 유지하게 하는 효과도 발휘한다.

파트너십이란 단순히 물건을 납품하는 수직적 협력만을 의미하지 않는다. 이질적 기업 간의 수평적 협력도 매우 중요한 비즈니스 요소다. 편의점 기업인 세븐일레븐(7-ELEVEN)은 온라인 중고 거래 플랫폼인 중고나라와 협력해 편의점 매장에서 중고물품을 거래하는 서비스를 도입했다. 보통 개인들은 약속 시간과 거래 장소를 정해 직접 만나거나 택배를 이용해 중고거래를 한다. 하지만 사람에 따라서는 직거래를 불편해하는 사람들도 있다. 시간을 쪼개 시간 약속을 해야 하는 부담과 낯선 사람과 만나 거래를 해야 하는 부담감 때문이다. 또 택배가 언제 올지 몰라 노심초사하기도 한다.

이런 문제를 해결하기 위해 중고나라에서는 세븐일레븐과 협력하는 방식을 도입했다. 판매자가 편의점에 거래 물품을 맡겨놓으면 구매자가 편리한 시간에 찾아갈 수 있는 서비스다. 편의점 입장에서는 중고 거래를 위해 매장을 들른 고객이 자사 매장을 이용할 가능성도 있으니 이질적 기업 간 파트너십의 좋은 사례라 할 만하다.[9]

성찰과 기회탐색 설계하기

킬러역량을 지속적으로 유지하거나 새로운 킬러역량을 확보하기 위해서는 성찰과 기회탐색을 게을리해서는 안 된다.[10] 성찰이란 자신의 부족함이나 잘못을 인식하고 이를 수정하는 노력을 말한다. 기업 생존의 필수 요소인 외적 정합성을 높이고 여기에 적합한 킬러역량을 구축하기 위해 반드시 필요한 과정이다. 이에 비해 기회탐색은 미래의 기회를 감지하고 기민하게 대응하는 것을 말한다. 기회탐색에는 두 가지 방식이 있다. 하나는 고객 니즈 변화를 관찰해 대응하는 것(고객기회탐색)이고, 다른 하나는 기술 변화의 추이를 지켜보며 대응하는 것(기술기회탐색)이다.

성찰과 기회탐색을 통해 스스로를 계속 변화시키며 킬러역량을 유지하는 기업이 있다. 가정주부와 전문요리사가 가장 가지고 싶어 하는 칼을 만드는 헨켈(Henkel)이다.[11] 한국에는 '쌍둥이칼'이라는 이름으로 잘 알려져 있다. 헨켈은 원래 중세 기사들이 쓰는 칼을 만드는 것이 본업이었다. 시대가 바뀌어 전투용 칼이 필요 없어지자 주방용 칼을 만드는 회사로 변신했다. 지금은 주방용 칼뿐만 아니라 가위, 손톱 손질기구, 이발소용 면도기 등 절단과 관련된 모든 것을 만들고 있다. 이들이 지속성장할 수 있었던 비결은 고객의 피드백에 재빠르게 대응하는 성찰 능력과 고객의 가치 변화

추이를 경쟁자보다 빠르게 포착하는 뛰어난 고객기회탐색 능력에 있다.

이들의 피드백 활용 능력은 정말 탁월하다. 헨켈의 주력은 무쇠 칼이었다. 그런데 무쇠 칼에 대한 고객 불만이 많았다. 칼날이 너무 쉽게 닳는다는 것이었다. 헨켈은 이 불만을 통해 고객들이 '잘 드는 칼'보다 '오래 쓰는 칼'을 원하고 있음을 깨달았다. 그리고 연구 끝에 쉽게 무뎌지지 않는 칼을 만들기 위한 킬러공법을 새로이 개발했다.

섭씨 1,000도 정도에서 철을 가열한 뒤 실온에서 식히다 영하 70도에서 냉각한 후 다시 섭씨 80~310도에서 가열하는 방식으로 변경했다. 열처리 과정에서 칼의 강도를 높이고 냉각 과정을 통해 칼의 신축성을 개선함으로써 칼의 날카로움을 오래 유지할 수 있는 방법을 찾아낸 것이다.

고객가치를 끌어올리기 위해 헨켈은 성찰에만 의존하지 않는다. 고객이 제공하는 미래기회탐색에도 능하다. 헨켈은 인터넷 사이트, 트위터, 매장을 고객의 새로운 요구를 관찰하는 창구로 활용하고 있다. 인터넷 사이트에서는 소비자 참여와 파워블로거 체험을 통해 고객의 정보를 수집하고 있다. 또한 트위터에서도 정보를 찾는다. 이 과정에서 헨켈은 주부들이 식칼에서 나는 쇠 냄새를 싫어함을 알게 됐다. 그리고 무쇠와 스테인리스 철을 배합한 칼을 내놓았다. 기존의 무쇠 칼은 자르는 성능은 뛰어났지만 쇠 냄새가 심하게 났다. 스테인리스 칼은 쇠 냄새는 없었지만 자르는 힘이 약했다. 둘의 장점을 결합한 것이 바로 무쇠 스테인리스 칼이었다.

헨켈의 기회탐색은 여기서 멈추지 않았다. 주부들이 칼 가는 것을 어려워한다는 것을 알게 되자 이번에는 갈지 않아도 되는 칼 '트윈스타'를 개발했다. 이 제품은 시장에 나오자마자 유럽의 고급 주방용 칼 시장의 40퍼센트를 장악했다. 정보는 매장을 통해서도 항시 수집할 수 있다. 이를 잘 알고 있는 헨켈은 취향이 특히 까다로운 소비자들로부터 고급 정보를 얻어내기 위해 다른 나라에 매장을 낼 때면 가능한 한 유행을 선도하는 대형 매장을 선호한다.

성찰과 기회탐색의 핵심은 고객정보를 활용하는 능력에 있다. 고객이 주는 정보는 기업의 경쟁력을 높이기 위한 최고의 선물이라고 생각하면 된다. 고객정보는 제3장에서 다룬 고객관계 모델의 하위 모듈인 고객정보탐색과 깊은 관련이 있다. 고객정보탐색은 기업의 기회탐색을 위한 가장 귀중한 정보를 제공해주는 과정이라고 볼 수 있다. 헨켈이 좋은 예다.

또 다른 예로 해피콜의 양면 프라이팬을 들 수 있다. 해피콜의 프라이팬은 기존의 어떤 프라이팬보다 많은 판매액을 올린 경이적인 기록을 갖고 있다. 해피콜 설립자인 이현삼 대표는 20대 시절 프라이팬 판매점에서 일하면서 얻은 고객 정보를 바탕으로 프라이팬을 만들게 됐다. 당시 그는 조리 과정에서 뒤집기 좋은 프라이팬을 찾는 소비자들의 요구에 주목했다. 기존의 프라이팬은 생선 같은 음식의 한 면을 튀긴 후 뒤집기에 너무 불편하다는 불만이 많았다. 그는 처음에는 웃고 흘렸지만 생각보다 많은 주부가 끊임없이 비슷한 요구를 해왔다고 한다. 새로운 프라이팬에 대한 수요가 있을 것이라는 생각이 들자 이를 구현할 수 있는 기술을 찾기 시작했다.

이 대표는 붕어빵 기계에서 단서를 찾았다. 붕어빵 기계는 재료를 넣은 팬의 양면을 돌려가며 익힌다. 뒤집기에 최적화된 방식이었다. 그는 붕어빵 기계에서 발견한 아이디어로 제품 개발에 돌입했다. 물론 해결해야 할 문제도 많았다. 양면으로 붙인 프라이팬을 뒤집을 때 내용물이 틈으로 흘러나오지 않게 밀착해야 했다. 틈을 없애기 위한 해법으로는 인체에 해롭지 않으며 열에 강한 실리콘 소재를 활용했다. 그렇게 해서 뒤집기에도 편리하고 음식물이 새지도 않는 양면 프라이팬이 개발됐다. 새로운 회사가 탄생되는 순간이었다. 이 제품이 나오자 한국의 주부들이 열광하기 시작했다. 해피콜의 프라이팬은 성찰과 기회탐색에 앞서 고객정보탐색이 무엇보다 중요하다는 사실을 여실히 보여줬다.

기술기회탐색의 또 다른 핵심은 새로운 기술의 출현에 주의를 기울이면서 적절한 시점에 빠르게 대응하는 것이다. 고객의 변화가 기업 경영의 지형을 바꾸기도 하지만 기술 변화도 고객 못지않은 영향력을 비즈니스에 미친다. 앞서 한국의 기업들이 TV 산업을 선도하게 된 결정적 원동력이 새로운 TV 기술에 민감하게 반응하는 능력에 있었음을 설명했다. TV 시장을 주도하는 기술이 브라운관 TV에서 PDP로 그리고 LCD로 변화하는 가운데 삼성전자와 LG전자는 재빠르게 변화를 포착하고 대응했지만 일본의 소니나 파나소닉은 그러질 못했다. 최근에는 OLED라는 TV 기술이 시장을 키우고 있다. 새로운 흐름에도 가장 빠르게 대응한 곳이 한국의 기업이었다. 그 결과 TV 시장은 한국 기업들에게 넘어오게 된다.

여기서 한 가지 의문이 생길 수 있다. 새로운 기술들이 매일 쏟아져 나오고 있는데 어떻게 이것을 분별해낼 수 있을까? 참 어려운 문제다. 몇 가지 징후를 통해 단서를 찾을 수 있다.

해당 기술이 전문가들의 집중 조명을 받을 때

초기의 유망 기술을 발굴하는 요령 중 하나다. 전문가 집단은 핵심 유망 기술에 가장 빨리 반응을 보이는 사람들이다. 이들에게는 특정한 기술이 갖는 장점을 가장 빨리 알아채는 능력이 있다. 따라서 이들이 집단적으로 어떤 기술에 관심을 가지고 있으며 얼마나 뜨겁게 반응하는지를 보면 미래에 유망한 기술에 대한 단서를 찾을 수 있다.

4차 산업혁명과 관련된 기술이 대표적이다. 4차 산업혁명이라는 단어는 2016년 스위스 다보스에서 열린 세계경제포럼(World Economic Forum, 통칭 다보스포럼)에서 등장했다. 이후 4차 산업혁명과 관련된 기술은 매우 빠르게 사람들의 관심을 받으며 다양한 산업에 영향을 미쳤다. 가장 잘 알려진 기술이 빅데이터, 인공지능, 블록체인 등의 정보통신 기술과 이를 이용한 자율주행차 기술이다. 이 기술들은 오래전부터 몇몇의 전문가들에 의해 개발돼왔지만 다보스 포럼이 이들 기술을 확산시키는 결정적인 계기를 마련해줬다.

주요 기업들이 상용화를 시도할 때

다른 나라, 특히 해당 기술 분야의 주요 기업들이 특정 기술을 상용화하기 위한 시도를 할 때는 눈여겨봐야 한다. 전기차가 좋은 예다. 전기차는 가솔린차보다 먼저 개발됐지만, 가솔린차에 주도권을 넘겨준 후 환경 문제 등의 이유로 다시 주목받기 시작했다. 1990년 이탈리아의 피아트(FIAT)는 판다 엘레트라(Panda Elettra)라는 전기자동차를, 미국의 GM은 EV1을 출시했다. 불행히도 두 차는 시장에 안착하지 못했다. 엘레트라는 동급 모델인 가솔린 자동차의 세 대 가격에 해당하는 높은 가격 때문에 시장에서 퇴출당했다. EV1은 시장의 관심을 받았지만 가솔린 자동차를 대체할 만한 장점을 보유하지 못한 것이 퇴출 이유였다.

피아트와 GM이 전기차 도입에 실패하는 와중에 일본의 닛산(NISSAN)이 전기자동차 시장에서 의미 있는 성과를 냈다. 닛산은 1990년부터 전기차에 관심을 가지기 시작했고 리프(Leaf)라는 자동차를 개발해 발매했다. 이 차는 2000년 이후 시장에서 상업적으로 의미 있는 성공을 거둔 차로 평가받는다. 이처럼 주요 기업들이 특정 기술을 통한 상업화를 시도할 때는 해당 기술에 대한 관심을 가져야 한다.

상용화는 됐지만 품질의 완성도가 낮을 때

주요 기업이 상용화 시도를 했지만 시장에서 실패했을 때 해당 기술에 대해 관심을 갖는 것이 중요하다. 주요 기업이 특정 기술의 상업화를 시도했다는 것은 오랫동안 이에 대해 고민했으며 그만큼 성공 가능성을 검토했다는 말이다. 하지만 최초의 상업화는 위험이 따른다. 특정 기술에 대한 초기 제품이나 서비스는 고객이 바라는 수준의 품질을 갖추지 못할 경우가 많기 때문이다. 대표적인 예가 일본의 소니가 내놓은 전자책 단말기 리브리에(LIBRIé)다. 리브리에는 6인치 스크린에 500권의 책을 담을 수 있는 300그램짜리 전자책 전용 단말기다. 소니는 리브리에가 워크맨(WALKMAN)의 뒤를 있는 혁신 제품이라고 생각했다. 하지만 이 제품은 시장에서 참패하고 말았다.

몇 가지 이유가 있었다. 먼저, 해상도가 낮았다. 컴퓨터 모니터와 비교하면 상당히 높은 해상도를 가졌지만 소비자들의 비교 대상은 일반 책이었다. 종이책에 비하면 눈이 침침할 정도로 해상도가 낮았다. 또 다른 문제도 있었다. 리브리에는 10메가바이트의 내장 메모리에 약 20권의 책을 저장할 수 있었지만 새 책을 보려면 컴퓨터에 USB케이블을 연결해 해당 책을 한 권씩 내려받아야 하는 불편함이 있었다. 그리고 60일이 지나면 내려받은 책이 자동적으로 삭제됐다. 결정적인 이유는 내려받을 수 있는 콘텐츠에 한계가 있었다. 소니는 콘텐츠 확보를 위해 출판사 100곳과 계약을 맺어 수천 권의 판권을 확보했다. 하지만 최신작이나 베스트셀러에 대한 판권은 확보하지 못했다.

리브리에의 단점을 보완해 전자책 시장에 새롭게 진입한 주인공은 아마존의 킨들(Kindle)이다.[12] 아마존은 소니의 전자책 단말기를 유심히 분석한 후 해당 기술이 자신들의 새로운 수입원이 될 것을 직감했다. 아마존은 리브리에의 단점을 속속들이 분석하고 문제점을 극복했다. 2007년 말 킨들을 출시하면서 아마존은 독자들이 기기를 구매한 후 컴퓨터에 연결하지 않고도 자신들의 EVDO라는 휴대전화 망을 이용해 언제 어디서든 아마존에 접속해 전자책을 구입할 수 있도록 했다. 가격은 권당 9.99달러로 책정해 종이책보다 저렴하게 제공했다.

또 리브리에와 달리 키보드를 마련해 메모를 할 수 있도록 했고 사전 찾기 기능도 탑재했다. 가장 중요한 콘텐츠 확보 문제에서는 초기 진입 시 아마존과 거래하는 출판사와 8만 권이 넘는 전자책 판권 계약을 맺고 콘텐츠의 제약을 해결했다. 당연히 최신 서적이나 베스트셀러 구입도 자유로웠다.

1. 킬러역량을 정의하고 구현하기 위해서는 Q^2CDA^2E를 먼저 알아야 한다. Q^2은 양(quantity)과 품질(quality)을, C는 비용(cost)을, D는 적기납품능력(delivery)을, A^2는 고객의 변화 요구에 재빠르게 대응하는 능력(agility)과 애프터서비스(A/S)를, E는 구매의 전 과정에 대한 고객경험(experience)을 의미한다.

2. Q^2CDA^2E를 모두 갖추는 것은 현실적으로 어렵고 비용도 만만찮다. 하지만 적어도 경쟁자를 압도하거나 고객이 자신의 기업과 거래하지 않을 수 없게 만드는 역량을 최소 하나 이상 가지고 있어야 한다. 이것을 킬러역량이라고 한다.

3. 성찰과 기획탐색은 킬러역량을 재설계하기 위해 반드시 고려돼야 한다. 성찰의 핵심은 고객의 피드백이고 기회탐색은 미래의 기회를 감지하고 이에 기민하게 대응하는 것을 말한다.

제 5 장

배에 구멍을
뚫지 말라

세 번째 거울:
비용통제 모델을 설계하고 살펴보는 거울

"작은 지출을 조심하라.
작은 구멍이 큰 배를 가라앉힌다."

_벤저민 프랭클린, 미국 건국의 아버지

아무리 좋은 배라고 해도 구멍이 뚫리면 가라앉는다. 기업도 배와 같다. 아무리 튼튼한 기업이라도 의미 없이 돈이 세면 어려워질 가능성이 높다. 탄탄한 기업으로 거듭나려면 건전한 방법으로 비용을 통제할 줄 알아야 한다. 비용이란 고객에게 제공할 가치를 만들고 전달하는 과정에서 발생하는 각종 경비를 말한다.[1] 보통의 경우 비용은 제품이나 서비스를 설계하고 이들을 만들어내는 생산 프로세스와 이들을 판매하는 행위 그리고 이들을 관리하는 과정에서 발생한다. 비용을 얼마나 적게 들여 고객이 원하는 가치를 만들어내느냐가 경쟁의 관건이다. 그런 만큼 비즈니스 모델의 비용통제 모델을 제대로 이해해야 한다.

비용통제 모델의 핵심은 비용 절감이다. 이미 계획됐거나 지불되고 있는 비용을 줄일 수 있는 방법을 찾는 것을 말한다. 기업을 경영하다 보면 다양한 곳에서 비용이 발생한다. 기업의 가치사슬을 알면 비용이 발생하는 곳을 알 수 있다. 기업의 가치사슬은 '획득→가공→가치제공'의 흐름과 가치를 창출하는 데 필요한 '연구개발' 과정 그리고 이러한 활동과 흐름을 '관리'하는 행위로 이뤄진다(〈그림 4〉).

| 그림 4 | **가치사슬**

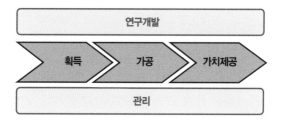

획득 과정에서 비용 줄이기

기업에서 서비스나 제품을 생산하려면 필요한 원자재나 서비스를 외부로부터 구매해야 한다. 이를 획득이라 한다. 획득에 드는 비용을 줄이면 기업은 경쟁력을 가질 수 있다. 대표적인 획득 방법을 몇 가지 소개하면 다음과 같다.

- 대규모로 구매하기
- 복수 구매처에서 구매하기
- 대체 원자재 확보하기
- 협력 업체 기술 지원하기

대규모로 구매하기는 비용을 줄일 때 가장 많이 사용되는 방법으로 규모의 경제를 활용하는 방법이다. 규모의 경제는 많이 사들여 구매비용을 낮추는 방법이기도 하지만 또 다른 이득도 있다. 기업의 구매 협상력을 높일 수 있다.

규모의 경제에 사활을 걸어야 하는 업종이 바로 마트나 할인판매점이다. 월마트가 경쟁자보다 저렴한 가격을 유지할 수 있는 비결도 규모의 경제에서 나온다. 매장이 많아야 파는 양도 많아지고 그만큼 가격 협상에 유리한 고지를 점할 수 있기 때문이다. 이를 위해 이들은 기를 쓰고 매장 수를 늘리려고 한다.

대량 구매는 대체로 큰 규모의 비즈니스를 할 때 유용한 방법이지만 어느 정도 사업 규모가 커지면 누구든지 사용할 수 있는 방법이기도 하다. 거래처 한 곳을 선정해 구매를 몰아주면 된다. 단, 거래처 한 곳에만 의존할 경우 의존에 따른 비용을 치를 수 있는 위험도 내포하고 있다. 만약 거래처가 변심하거나 갑작스런 상황으로 거래를 할 수 없을 때 문제가 될 수 있다. 일정 규모를 넘기 시작하면 복수 구매처를 확보해야 한다.

2019년 한국의 반도체 업계가 단일 또는 소수의 구매처에 의존하다 큰일을 겪었다. 한국 반도체 기업들은 일본산 원자재를 사용하는 경우가 많다. 대표적인 것이 불화수소다. 주로 반도체 제조에 필요한 '식각 공정'과 '세정 공정'에 사용된다. 식각이란 목판에서 필요한 부분을 남기고 다른 부분은 파내듯 반도체 웨이퍼에서 불필요한 부분을 깎아내는 일을 말한다. 세정은 세척하는 것을 말한다.

그동안 반도체 업계에서는 불화수소의 대부분을 일본 기업으로부터 수입했다. 문제는 일본이 불화수소를 포함해 세 종류의 소재에 대해 수출 규제라는 전대미문의 일을 단행하면서 터졌다. 일본은 원자재만 묶으면 한국의 반도체 생산이 큰 타격을 입을 것으로 기대했다. 일본의 예상대로 처음 1년간 반도체 업계는 고전했다. 하지만 한국의 SK머티리얼즈와 솔브레인이 불화수소 생산에 성공하면서 이 문제를 해결할 수 있었다. 복수의 구매처 확보는 단일 구매처에 대한 의존도를 낮추는 중요한 방법일 뿐만 아니라 구매처 간 경쟁을 유도하는 방법이기도 하다.

대체 원자재 확보 역시 비즈니스에 매우 중요하다. 다양한 이유로 원자재 가격의 부침이 심한 경우가 많고 공급에도 문제가 생길 수 있다. 이런 상황을 가정하고 대처 방안을 세워야 한다. 전 세계적으로 전기자동차가 등장하면서 자동차 배터리의 수요가 증가하고 있다. 자동차 배터리에 들어가는 핵심 소재 중 하나가 리튬이다. 한국 배터리 기업들은 리튬 수요의 97퍼센트 이상을 중국과 칠레로부터의 수입에 의존하고 있다. 이는 대단히 위험한 여건이다. 수입처 다변화로 문제를 줄일 수 있지만 근본적인 해결책이 아니다. 더 확실한 해결책은 대체 원자재를 찾아내는 것이다.

협력 업체의 기술력을 키워주는 것도 중요하다. 대부분의 기업은 비용 절감 프로그램을 가지고 있다. 협력 업체로부터 제공받는 원자재나 서비스 가격을 낮추는 데 활용한다. 협력 업체 입장에서는 마진이 줄어들어 어려워지지만 구매하는 입장에서는 손쉽게 비용을 줄일 수 있는 방법이다. 하지만 일방적으로 가격을 낮추다 보면 문제가 발생하기도 한다. 협력 업체 입장에서 받아들이기 어려운 가격을 요구하면 납품하는 원자재나 부품 품질에 문제가 생길 수 있다.

토요타(TOYOTA)가 비용 절감 프로그램으로 인해 비즈니스를 중단할 뻔했다. 2009년 미국의 한 가족이 토요타 렉서스(Lexus)를 타고 고속도로를 달리던 중 가속 페달에 문제가 생겨 시속 190킬로미터가 넘는 고속 주행으로 사망하는 사건이 벌어졌다. 토요타의 협력 업체가 제조한 가속 페달의 결함이 원인으로 밝혀지면서 같은 해 토요타는 535만 대를 강제 리콜해야 했다. 그것으로 끝이 아니었다. 이후에도 토요타의 대표 차종인 캠리(CAMRY) 등에서 문제가 발생해 700만 대 이상 리콜을 해야 했다. 또 하이브리드카에서도 문제가 발생해 43만 대를 리콜했다.[2]

토요타 사태는 협력 업체에 대한 발주 기업의 과도한 원가 줄이기 압력이 원인으로 밝혀졌다. 원가 절감은 협력 업체가 감당할 수 있는 수준에서, 그들의 기술력을 보완해주는 수준에서 이뤄져야 한다. 대체로 협력 업체들은 경영 능력 면에서 열악하다. 만약 협력 업체의 경영 상태가 부실하다면 협력 업체에 생산 기술이나 경영에 대한 컨설팅을 지원해 그들의 기술 및 혁신 능력을 끌어 올려 줘야 한다. 이를 통해 얻은 과실을 나누는 것이 올바른 비용 절감 프로그램이다.

앞서 소개한 네 가지 방법을 사용할 때 주의할 것이 있다. 기업이 조달하는 원자재 종류에 따라 방법을 달리해야 한다는 점이다. 이 것을 구매 카테고리 전략이라고 부른다. 이 전략을 수립할 때 지켜야 하는 순서가 있다.

먼저, 카테고리를 나눠야 한다. 기업에서 획득할 원자재를 특성에 따라 나누는 것이다. 구매량, 중요도, 대체 가능성이 유용하게 사용할 수 있는 기준들이다. 이들을 '구매량×중요도', '구매량×대체 가능성', '중요도×대체 가능성'으로 비교해 도표로 그려보면 쉽게 방법을 찾을 수 있다. 비용통제 모델의 경우 구매량이 많고 중요도가 높은 원자재를 잘 살펴봐야 하지만 그와 별개로 특정 기업에 높은 의존도를 보이는 원자재에도 각별한 주의를 기울을 필요가 있다.

구매량은 많으나 상대적으로 중요성이 떨어지는 원자재라면 한두 곳의 거래처 또는 해외 생산의 경우 한두 곳의 국가로 집중될 가능성이 높다. 이때 각 거래처나 거래국에 대한 의존도가 높아지면 뜻하지 않은 문제에 직면할 수 있다.

실제로 한국의 자동차 업체들이 부품 거래처에 대한 높은 의존도로 인해 문제를 겪었다. 자동차에 들어가는 전선을 하나로 묶어 놓은 와이어링 하니스(wiring harness)라는 부품 때문이었다. 이는 자동차의 신경망에 해당하는 부품이다.

2000년 이전까지만 해도 미국, 독일, 일본 기업들만 와이어링 하니스를 제조할 수 있었다. 이후 한국 기업들도 개발에 성공했다. 현재는 원가를 낮추기 위해 중국 등 해외 생산에 의존하고 있다. 그런데 전 세계적으로 코로나19가 기승을 부리면서 문제가 터졌다. 중국 내 통제 정책으로 인해 와이어링 하니스 공장들이 가동을 멈추면서 이 부품의 수급에 차질이 생긴 것이다. 결국 중국 기업에 의존도가 높았던 현대자동차 공장이 가동을 멈춰야 했다.

가공 과정에서 비용 줄이기

가공 과정은 세 가지 세부 과정으로 나눌 수 있다. 투입, 생산, 산출 과정이다. 이러한 가공 과정에서 비용을 얼마나 줄이는가에 따라서도 제품의 경쟁력이 결정된다(〈표 3〉).

| 표 3 | **가공 과정에서 비용 줄이기**

구분	항목
투입 과정에서 비용 줄이기	발주/구매 비용 줄이기
	자재 보관 비용 줄이기
	자재 검수 신경 쓰기
생산 과정에서 비용 줄이기	생산 시간 줄이기
	작업 미리 준비하기
	관리 포인트 줄이기
	공정 밸런스 맞추기
	낭비 작업 줄이기
	설비 멈춤 최소화하기
산출 과정에서 비용 줄이기	품질 비용 줄이기
	재고 줄이기

투입 과정에서 비용 줄이기

발주/구매 비용 줄이기: 원자재나 물품의 주문, 구매, 조달 과정에서 발생되는 비용을 줄이는 것을 말한다. 가격 할인을 가능한 한 많이 받는 것이 중요하다. 대량 주문과 장기 계약을 활용하면 가격을 효과적으로 낮출 수 있다.

자재 보관 비용 줄이기: 구매한 자재나 부품을 보관할 때 드는 비용을 줄이는 것이다. 구매처와 협력 관계가 좋다면 구매처의 창고를 활용해 기업에 필요한 양만큼만 입고시키는 것이 좋다. 창고를 기업 내부에 둬야 한다면 보관에 따른 자재 분실이나 멸실 또는 고장 등 보관 상태에 주의를 기울여야 한다. 소규모 기업에서는 야적을 하는 경우가 많다. 이때 보관 불량으로 많은 비용이 발생할 수 있다.

자재 검수 신경 쓰기: 불량 자재가 입고될 경우 품질 불량과 재작업에 따르는 비용이 발생해 전체적으로 비용이 눈덩이처럼 커진다. 이 비용을 줄이고자 한다면 외부 자재에 대한 검수가 필수적이다. 일반적으로 구매 자재 중 일부를 추출해 검수하는 샘플링 방법을 활용하지만 처음 거래하는 구매처라면 전수 검사를 실시해야 한다. 신뢰가 쌓이면 샘플링 검사로 전환할 수 있다.

생산 과정에서 비용 줄이기

생산 시간 줄이기: 생산 시간이 오래 걸리면 결국 돈으로 환산된 비용도 늘어난다. 이것을 통제하기 위해서는 자신의 기업이 어느 정도의 생산속도로 작업하고 있는지를 알아야 한다. 대표적인 지표 중 하나가 택트타임(tact time)이다. 한 제품이 완성된 후 다음 제품이 나오기까지의 시간 간격을 말한다. LG전자는 택트타임 부문에서 세계 최정상급 기업이다. 초대형 냉장고 라인의 택트타임은

16초, 드럼세탁기 라인의 택트타임은 10초다. 초대형 냉장고가 16초마다 한 대씩, 드럼세탁기가 10초에 한 대씩 만들어진다는 의미다. 택트타임이 줄어들면 그만큼 생산성이 올라가고 원가 경쟁력도 좋아진다.

작업 미리 준비하기: 생산 과정에 필요한 작업을 미리 준비하면 시간과 비용을 동시에 줄일 수 있다. 택트타임을 줄이는 방법 중 하나이기도 하다. 이천 쌀밥집 중에는 음식을 주문하면 음식이 한가득 차려진 상을 손님의 식탁 위로 통째로 옮겨 제공하는 음식점이 있다. 조리가 필요 없는 밑반찬들을 미리 상에 준비해놓고 조리가 필요한 음식만 재빨리 조리해 상 위에 올려 곧바로 홀로 나가는 방식이다. 이런 방식으로 서비스를 하면 상을 차리느라 시간이 지체될 이유가 없다.

생산에서도 마찬가지다. 생산에 필요한 작업을 미리 해두면 생산 준비를 위해 설비나 기계의 멈춤 시간을 최소화할 수 있다. 제조업 현장에서는 미리 준비하기의 변형이라 할 수 있는 모듈 생산 방법을 활용한다. 협력 업체에서 미리 일정 수준 조립을 마친 가공품을 조달해 완성품을 조립하는 방식이다. 품질을 믿을 수 있는 협력 업체가 있다면 매우 효과적인 방법이다. LG전자가 택트타임을 줄일 수 있었던 이유 중 하나가 바로 모듈 생산을 활용한 것이다.

관리 포인트 줄이기: 관리 포인트가 많으면 시간도 많이 걸리지만 관리 포인트 자체에 의한 비용도 늘어나게 된다. 이를 해결하려면 가공 프로세스를 가능한 한 짧고 간단히 만드는 KISS(Keep It Short and Simple) 방식이 핵심이다. 프로세스가 짧아지고 간단해지면 관리 포인트가 줄어들고 가공 시간과 비용이 줄어든다.

서비스 업종에서 특이한 방법으로 관리 포인트를 줄인 기업이 있다. 미국의 패스트푸드 기업인 인앤아웃버거(In-N-Out Burger)다.[3] 이 회사는 서비스와 일하는 방식에서 발생하는 복잡성을 최대한 줄여 비용을 절감하는 방법을 알고 있다. 핵심은 '4'라는 숫자에 있다. 인앤아웃버거는 햄버거, 프렌치프라이, 셰이크, 소다의 네 가지 메뉴만 고객에게 제공한다. 점포의 인테리어도 빨강, 노랑, 회색, 흰색의 네 가지 색으로만 치장한다. 매장 직원도 네 명뿐이고, 음식을 주문하고 계산하는 계산대 역시 네 개뿐이다. 재료 구매, 제작, 접객 서비스의 과정을 간소화해 최대한 관리 포인트를 줄이려는 취지다. 이를 통해 인앤아웃버거는 구매 및 관리 비용을 대폭 줄일 수 있었다.

공정 밸런스 맞추기: 공정 밸런스가 깨지면 생산 과정에서 병목 현상이 발생한다. 병목 현상이 생기면 후공정이 지체될 뿐만 아니라 불필요한 작업이 늘어나 비용이 증가한다. 병목의 발생 여부를

확인하려면 재공품이 얼마나 있는지를 살피면 된다. 재공품이란 공정 중에 나타나는 중간 재고를 말한다. 앞뒤 공정 간의 밸런스가 깨지면 재공품이 쌓인다. 공정 밸런스가 깨지면 재공품을 쌓아둬야 하는 공간 비용, 재고 생산에 투입된 인력과 자재의 낭비 그리고 재고 생산으로 인해 들어간 자금 투입 비용(이자 비용) 등이 증가하게 된다.

낭비 작업 줄이기: 생산 과정에서 불필요한 작업이 많으면 시간도 늘어나지만 그만큼 비용이 증가한다. 낭비 작업이란 부가가치와 무관한 일을 하는 것을 말한다. 예를 들어 한 작업장에서 일이 끝나 다른 작업장으로 결과물을 옮기는 행위는 낭비다. 작업물을 할 수 없이 옮겨야 할 수는 있지만 작업물을 옮기는 행위 자체는 부가가치 생성과는 아무 상관이 없다. 공정 간 이동이 반드시 필요하다면 가능한 한 거리를 줄여야 한다. 하지만 실제로는 공장 공간이 협소하거나 다른 기계나 기구들의 배치가 엉켜 있어 이동 거리가 길어지는 경우가 자주 발생한다. 이런 경우는 충분한 공간을 먼저 확보 후 공정재배치를 해야 한다. 또 작업 공구를 사용하고 제자리에 가져다두지 않는 경우에도 낭비가 발생한다. 공구를 쓰고 나면 반드시 제자리에 놓아두는 작업 습관이 필요하다. 해당 작업 공구를 찾으려고 헤매는 것도 부가가치와 아무 상관이 없는 불필요한

행위다.

설비 멈춤 최소화하기: 설비가 멈추는 시간을 최소화할수록 비용을 줄일 수 있다. 설비가 멈추는 가장 큰 원인은 고장이다. 그래서 예방 보전 활동이 매우 중요하다. 정기적으로 또는 수시로 설비나 기계를 살펴보고 고장 징후를 찾아 미리 조치하는 것을 말한다. 물론 설비나 기계가 전혀 고장을 일으키지 않을 수는 없다. 만약 고장이 발생하면 신속하게 대처할 수 있는 방법이 준비돼 있어야 한다. 이때 주로 사용되는 것이 경광등이다. 설비나 기계가 고장 나거나 고장 징후를 보인다면 미리 경고를 주는 역할을 한다. 최근에는 스마트 팩토리를 구축하면서 공장의 다양한 빅데이터 분석을 통해 이 문제를 해결하고 있다.

산출 과정에서 비용 줄이기

품질 비용 줄이기: 작업 결과물의 품질이 떨어지면 재작업을 위한 비용과 시간이 증가해 비용이 크게 늘어난다. 불량 작업을 줄이면 양품률이 증가한다. 100개를 생산했을 경우 두 개가 불량이라고 하면 양품률은 98퍼센트다. 양품률은 반드시 100퍼센트에 최대한 근접해야 한다. 이때 주의할 점이 있다. 양품률을 제대로 계산할 줄 알아야 한다. 일반적으로 공정별로 양품률을 계산하고 그

평균을 공장의 양품률로 잘못 이해하는 경우가 많다.

공정 세 개가 있다고 하자. 첫 번째 공정의 양품률이 90퍼센트이고, 두 번째 공정의 경우 80퍼센트, 세 번째 공정의 경우 70퍼센트라고 가정해보자. 이 공장의 양품률은 세 수치의 평균인 80퍼센트가 아니다. 공정이 여러 개 있다면 공정별 양품률을 곱해야 한다. 이것을 수율(yield)이라고 한다. 그러니까 이 공장의 경우는 $0.9 \times 0.8 \times 0.7 = 0.504$가 수율이다. 즉, 양품률이 50.4퍼센트인 공장이다. 반대로 말하면 약 50퍼센트의 제품이 불량인 공장이다. 불량이 발생하면 재작업해야 되는데 일반적으로 새로 만드는 것보다 비용이 훨씬 많이 든다.

불량에 의한 비용은 여기서 그치지 않는다. 검수를 통과한 후 소비자에게 제품이 전달된 후 불량이 발견되면 애프터서비스를 해주거나 환불을 해줘야 한다. 이로 인한 비용은 엄청나다. 한국에서 유망한 휴대전화 제조사였던 팬택이 망하게 된 결정적인 이유도 품질 문제와 직결돼 있다.

불량 발생 원인은 크게 다섯 가지다. 간단히 4M1E로 표현된다. 기계나 장비의 성능이 낮을 때(Machine), 작업자의 숙련도가 낮을 때(Man), 부품이나 원자재가 불량일 때(Material), 작업 방법이나 설계가 나쁠 때(Method)가 4M에 해당한다. 1E는 작업 환경이 열악할 때(Environment)를 말한다. 생산 과정에서 불량을 줄이고자 한다면

4M1E 관리가 필수다.

재고 줄이기: 재고에는 두 종류가 있다. 완제품 재고와 재공품 재고다. 완제품 재고는 생산이 끝나 판매를 기다리고 있는 재고를 말하고, 재공품 재고는 전 공정에서 작업이 끝난 후 후공정의 가공을 기다리고 있는 재고를 말한다. 어느 재고가 됐든 재고가 늘어나면 비용이 늘어난다. 재고를 보관해야 하는 창고 및 창고 인력 비용, 재고에 투입된 원자재 비용, 노무 가공 비용, 재고 생산에 들어간 돈에 대한 이자 비용, 재고 보관 중에 발생하는 분실이나 망실 비용 등이 증가한다.

재공품 재고가 발생하는 이유는 앞에서 설명한 공정 밸런스와 관련이 깊다. 공정 간 밸런스가 깨지면 재공품 재고가 늘어난다. 완제품에 대한 재고는 대체로 수요 예측이 잘못됐을 경우 일어난다. 많이 팔릴 것이라 예측했지만 팔리지 않는 경우다. 수요 패턴이 불규칙할 때도 예측이 어려워 완제품 재고가 늘어날 수 있다. 이럴 경우에는 생산 단위(롯트)를 가능한 한 소규모로 유지해야 한다.

이때 사용되는 공정 방법이 셀 생산 방식이다. 셀 생산 방식은 대규모 생산 방식과 달리 다양한 생산 기능을 습득한 종업원을 소규모 단위(셀)로 묶어 생산하는 방식이다. 이때 예상보다 많은 판매 주문이 들어올 수도 있으므로 생산 셀들을 여유 있게 만들어놓아야 한다. 일반적으로 생산 셀을 구축한 이후에는 전체 셀 중에서 80퍼센트 정도가 가동될 수 있도록 관리한다.

수요와 생산이 연계되지 않을 때에도 완제품 재고가 늘어난다. 생산 부서는 생산 부서대로 독자적으로 생산하고 영업 부서는 영업 부서대로 영업할 때 이런 일이 일어난다. 또한 영업과 생산의 시차가 발생할 때도 재고가 늘어난다. 전사적 자원 관리(ERP; Enterprise Resource Planning)를 활용하면 재고 발생을 줄일 수 있다.

가치제공 과정에서 비용 줄이기

가치제공 프로세스에서도 비용통제가 가능하다. 가치제공 프로세스란 판매와 고객 관리 프로세스를 의미한다. 대부분 판매 비용 자체를 줄이는 방법을 활용하지만 판매 과정에서 고객을 활용해 비용을 줄이는 방법도 있다. 한국의 음식점에서는 종종 고객을 활용하는 방식을 사용한다. 음식점에서는 주방에서 완전히 음식을 조리한 후 손님상에 올리는 것이 일반적이지만, 한국 음식점들은 조리 과정에 손님들을 끌어들이는 경우가 많다. 소고기나 삼겹살을 구울 때 손님이 직접 굽도록 하는 것이다. 음식점 입장에서는 손님이 직접 고기를 굽는 만큼 인건비를 절약하는 셈이다.

이와 같은 방식으로 가치제공 프로세스에서 비용을 절감하는 기업이 있다. 스웨덴의 이케아(IKEA)다. DIY(Do It Yourself), 즉 '스스로 만들어 쓰기' 방식을 세계 최초로 도입한 가구 회사다. 고객이 제품을 구입해 직접 가구를 조립해야 하므로 기업 입장에서는 조립에 필요한 인건비를 줄일 수 있고 고객은 그만큼 가구를 저렴하게 살 수 있다.

비용통제는 고객 관리를 통해서도 이뤄진다. 미국의 통신 업계에서는 고객이 현재 사용하는 통신 회사와의 계약을 해지하고 자신들과 계약하면 현금을 준다는 광고 전화를 자주한다.[4] 제시하는 금액도 한두 푼이 아니다. 100달러를 현금으로 준다는 업체도 있다. 여기에 기타 비용을 합치면 고객 한 사람을 유치하는 데 드는 비용이 만만찮다. 한국의 통신 업계도 사정은 비슷하다. 미국처럼 돈을 주면서 고객을 뺏지는 않지만 각종 혜택으로 경쟁 업체의 고객을 끌어오고자 안간힘을 쓴다. 한국 통신 시장의 경우 매년 전체 사용자의 30퍼센트 정도가 통신 회사를 옮겨 다닌다. 그 과정에서 발생하는 비용이 고객 한 사람당 최소 30만 원 이상이라고 한다.

이와 같은 경쟁 상황에서 비용을 어떻게 줄일 수 있을까? 고객을 뺏기지 않는 것이 답이다. 무슨 수를 써서라도 고객이 이탈하지 않도록 붙드는 것이다. 고객을 붙잡아두는 비용이 고객을 빼앗겨 다시 빼앗아 오는 비용보다 훨씬 저렴하기 때문이다.

한국의 통신 업체들의 경우 다양한 방법을 활용하고 있다. 가족이 모두 자사와 계약을 하면 한데 묶어 휴대전화 서비스 비용을 대폭 깎아주거나 기가(Giga)급 인터넷망을 공짜로 제공하기도 한다. 집에서 사용하는 인터넷망과 휴대전화를 모두 자사의 서비스로 가입하면 스트리밍 기반의 유선 TV 월정액도 깎아준다. 겉으로는 고객 서비스를 강화하는 듯 보이지만 알고 보면 비용 줄이기를 위한 관리활동에 해당한다. 고객 한 명을 다른 통신 회사로부터 빼앗아오는 비용이 매우 크다 보니 한 명의 고객이라도 붙잡아두는 것이 비용을 줄이는 효과적인 방법임을 알고 있어서다.

연구개발에서 비용 줄이기

연구개발에서 비용을 통제하는 방법은 크게 두 가지가 있다. 하나는 생산 비용을 염두에 두면서 연구개발(설계)을 하는 것이다. 이는 연구개발 방식을 간단히 해 개발 비용을 줄이는 방법이기도 하지만 간단한 설계를 통해 생산 비용을 줄이는 중요한 방법이다. 부품이나 제품에 사용되는 모듈을 공용화하거나 표준화하는 방법이 가장 많이 쓰인다. 이런 방식을 플랫폼화라 부른다.

자동차 업계에서 플랫폼화를 많이 활용한다. 현대차나 기아차의 경우 언더바디(차체 바닥 부분), 서스펜션(노면 충격 흡수 장치), 파워트레인(동력 전달 장치), 연료 장치, 공조 장치(실내 공기 조절 장치), 조향 장치(방향 전환 장치), 배기 장치(유해물질 배기 장치), 시트프레임(좌석 기본 골격) 등에서 호환 패키지를 사용하고 있다. 플랫폼화가 이뤄지면 제품 설계가 단순해지는 동시에 생산 비용을 줄일 수 있다.

또 다른 방식이 연구개발 과정에서 불필요한 연구를 줄이는 것이다. 대기업이 아닌 이상 불필요한 연구를 반복하면 비용이 엄청나게 발생한다. 하지만 어떤 연구가 불필요한 것인지를 알기는 쉽지 않다. 가급적 돈이 많이 들고 시간이 오래 걸릴 것 같은 연구는 외부 기관과 협력해 진행하면 유리하다. 물론 기업에서도 이런 연구를 할 수 있지만, 단시간 내에 성과와 연결시키기 어렵다. 단, 고객의 불만이 누적되고 있는 분야에 대해서는 즉각적으로 연구에 착수해야 한다. 전기밥솥을 만드는 쿠쿠가 좋은 예다. 앞서 살펴본 대로 쿠쿠는 밥솥 내부의 압력 조절 뚜껑이 분리되지 않아 밥솥을 씻기가 어렵다는 소비자의 불만을 접하고 이를 해소하기 위한 연구를 거쳐 전기밥솥 시장을 제패했다.

관리 과정에서 비용 줄이기

관리란 기업에서 발생하는 각종 비용을 통제하는 프로세스를 말한다. 이 과정에서도 비용이 크게 발생한다.[5] 관리 비용을 줄이기 위한 첫 번째 방법은 관리 프로세스를 간략화하는 것이다. 일반적으로 기업에서는 관리 프로세스를 복잡하게 만들려는 경향이 있다. 관리 프로세스를 촘촘하게 만들수록 기업 내 통제를 촘촘히 해 실수 비용을 줄일 수 있다고 생각하기 때문이다. 적정 수준의 관리 프로세스는 필요하다. 하지만 프로세스가 과도해지면 오히려 기업의 보이지 않는 비용을 늘리는 원인이 된다. 과도한 관리 프로세스로 인해 발생하는 비용을 '관료화 비용'이라고 한다.

'콩의 숫자만 세고 있는 사람들'이라는 의미를 가진 《빈 카운터스(Bean Counters)》라는 책이 있다. 이 책은 과도한 관리 프로세스로 인해 GM이 어떻게 붕괴했는지를 보여준다.[6] GM은 제품의 품질과 품격으로 경쟁자를 압도하던 기업이었다. 우리가 잘 아는 캐딜락(CADILLAC), 뷰익(BUICK), 폰티액(PONTIAC), 사브(SAAB), 허머(HUMMER), 쉐보레(CHEVROLET) 등 쟁쟁한 자동차 브랜드를 생산하던 회사다. 그러던 GM이 2009년 파산하면서 세계적 파장을 몰고 왔다. 그 이면을 들여다본 책이 바로 《빈 카운터스》다.

이 책의 저자 밥 루츠(Bob Lutz)가 주장하는 GM이 몰락한 이유를 살펴보면 아주 간단하다. 기업 내부의 권력이 재무와 회계 전문가들로 이동되면서 재무성과와 비용만 따지는 기업으로 GM이 변화해서다. GM은 자사의 경쟁력 하락을 만회하려고 비용 절감에만 매달리게 됐다. 이런 노력은 비용을 줄이기 위한 분석 작업과 수많은 비용 줄이기 규칙과 절차를 만드는 것으로 이어졌다. 엔지니어들은 비용 줄이기 회의로 날을 샜고 비용이 조금이라도 늘어날 것 같으면 모든 경비를 옥죄었다. 결국 값싼 부품만 사용하는 차를 생산할 수밖에 없었고 이에 비례해 품질은 나빠지고 있었다.

GM의 몰락 뒤에는 또 다른 이유가 있었다. 바로 조직의 관료화다. 관료화된 조직의 특징 중 하나는 직원들이 바빠지는 것이다. 부가가치를 올리기보다 필요하지도 않은 내부 보고서를 만들고 복잡한 각종 절차와 규정을 따라야 하는 데서 오는 바쁨이다.

직원들이 관료화된 절차에 충실하게 일을 하다 보면 외부 환경 변화를 읽는 능력이 떨어진다. 불행히도 GM 몰락의 서막은 일본 자동차 회사들의 도전과 관련 있다. 일본 자동차 기업들은 미국 시장에 진출하면서 신차 발표주기를 4년으로 줄였다. 반면 GM의 신차 발표주기는 6.5년이었다. 소비자 입장에서 보면 일본 자동차 회사들은 항상 신선한 생선을 공급하는 곳으로 여겨졌다. 이에 비해 GM이 내놓는 신차는 트렌드에 뒤처진 구형차로 취급됐다.

시장의 변화에도 불구하고 관료화된 GM은 움직일 줄 몰랐다.

임원들은 자리보전에 나섰다. 자신에게 주어진 관료화된 일에만 신경을 쓸 뿐, 다른 일에는 관여하지 않았다. 경쟁 환경이 GM에 불리하게 전개되고 있음을 알고 있었으면서도 위험이 따르는 일은 절대 하지 않았다. 그렇게 했다가는 자신의 자리가 위태로워짐을 알고 있었기 때문이다.

IBM을 기사회생시킨 루 거스너(Louis Gerstner)는 IBM의 CEO를 맡은 후 기업 내부를 들여다보고는 깜짝 놀랐다. 고객접점 활동을 하는 임원이 전체 임원 중 25퍼센트도 채 되지 않았기 때문이다. 나머지 임원들은 분석과 보고서 제출만을 강요하는 통제 기능에 익숙한 관료화된 임원들이었다. 그가 IBM 회생을 위해 첫 번째로 한 일은 통제 업무에 숙달된 임원을 줄이고 사업에 투입되는 임원을 늘리는 것이었다. 이런 노력이 10년 동안 지속되자 IBM은 죽어가는 조직에서 생동감 있는 조직으로 다시 태어나기 시작했다.

그림자 비용 줄이기

그림자 비용을 줄이려는 노력도 중요하다. 그림자 비용이란 기업의 특정 상황이나 조치 또는 행위에 내포된 위험 요소로 인해 예상치 못하게 발생하는 비용을 말한다(〈표 4〉).

| 표 4 | **그림자 비용의 종류(예시)**

원천	종류
고객 관련	고객 의존성 위험
	고객 불완전성 위험
거래처 관련	거래처 의존성 위험
	거래처 불완전성 위험
전략 관련	전략적 선택 위험
	CEO 위험
관리역량 관련	관리 부실 위험
	사고 위험

먼저 고객과 관련해 그림자 비용이 발생할 수 있다. 언젠가 한 중소기업 사장의 하소연을 들은 적이 있다. 당시 국내 굴지의 대기업과 거래하고 있었는데 어느 날 갑자기 납품 물량을 줄이라는 통보를 받았다. 과도한 고객 의존성에 따른 그림자 비용이 발생한 것이다. 이런 위험을 줄이려면 기존 고객으로부터 독립할 수 있는 힘을 기르는 방법밖에는 없다.

고객이 불완전해져도 그림자 비용이 발생할 수 있다. 카드 업계에서는 고소득층을 잡기 위해 VVIP 카드를 발행한다.[7] VVIP 카드의 연회비는 일반 카드에 비해 아주 비싸다. 카드 회사에서 연회비로 수익을 내는 것일까? 결코 그렇지 않다. 회원에게 받은 연회비는 여러 서비스와 혜택으로 대부분 고객에게 돌려준다. 그렇다면 왜 굳이 남는 것이 없는 VVIP 카드를 발행하는 것일까? 고객의 신용에서 발생할 수 있는 그림자 비용을 줄이기 위해서다.

카드 업계에는 고질적인 문제가 하나 있다. 카드 사용자들의 결제대금 연체다. 카드 업체당 수천억 원에 이를 정도다. 연체료에 의한 카드사의 재정 위험을 줄이려면 충당금을 쌓아야 한다. 그만큼 비용 부담이 커진다. VVIP 회원들의 경우 연체율이 아주 낮다. 그런 만큼 재정 위험도 줄고 충당금을 쌓아야 하는 부담도 줄어든다. 고객에게 연회비로 받은 만큼 혜택으로 다 돌려주더라도 크게 보면 비용을 절감할 수 있다는 계산이 나온다. 고객의 불완전성으로 인한 그림자 비용은 제조업에서도 발생한다. 고객이 요청한 제품을 납품했음에도 불구하고 대금을 받지 못하는 경우다.

원·부자재 거래처에 대한 의존성이 클 때도 그림자 비용이 발생한다. 앞서 현대자동차가 와이어링 하니스라는 부품을 공급받지 못해 자동차 생산에 차질을 빚은 경우를 설명했다. 이 역시 원·부자재에 대한 특정 거래처나 국가에 대한 의존성이 높아 생긴 일이다. 거래처의 불완전성으로 인해서도 그림자 비용이 발생할 수 있다. 기업 간 비즈니스를 하다 보면 계약된 상품이 아닌 엉뚱한 상품이 발송되거나 불량 제품이 발송되는 경우도 있다. 주로 해외 거래처와 거래 시 발생한다. 비용이 들더라도 믿을 만한 중간 거래 업체와 거래하면서 위험을 최소화해야 한다. 이후 해당 거래처와 충분한 신뢰가 쌓였다고 판단될 때 직거래를 하는 것이 안전하다.

기업의 전략적 선택에서도 그림자 비용이 따라다닌다. 르네사스(Renesas Electronics)라는 일본 반도체 기업이 있다. 한국에 반도체 사업의 주도권을 뺏긴 후 자동차 전력 반도체 생산을 목표로 히타치제작소, 미쓰비시전기 그리고 NEC 비메모리 반도체 사업 부문을 합병해 설립한 회사다. 르네사스는 일본 기업들이 그러하듯 반도체 제작에 혼을 불어넣는다는 생각으로 고품질 전력 반도체 생산에 몰두했다. 그런데 소비자들이 자동차를 바꾸는 주기가 빨라지면서 문제가 발생했다. 한국의 자동차 소비자들은 보통 10년 동안 주행거리 15만 킬로미터 정도를 타고, 미국의 자동차 소비자들은 10년 동안 약 24만 킬로미터 정도를 탄다. 르네사스에서는 10년이 아닌 20년을 타도 고장이 안 나는 반도체를 만들었다. 당연히 원가가 높아졌고 그만큼 기업은 이윤을 낼 수 없었다.

CEO가 그림자 비용의 원인이 되기도 한다. CEO 리스크라고 불리는 비용이다. 테슬라(TESLA)가 CEO인 일론 머스크(Elon R. Musk)로 엄청난 그림자 비용을 지불한 대표적인 기업이다. 부적절한 언행으로 언론의 지탄을 받았던 머스크는 테슬라에 리스크 요인이 되고 있다. 테슬라가 트위터를 인수한 후 그의 고질병은 더 심해졌다. 트위터를 인수하자마자 전 직원의 50퍼센트인 3,700여 명을 무더기 해고하고 마음에 들지 않는 언론인 계정을 정지하는 등

사회적 물의를 일으켰다. 이런 머스크의 행동 때문에 트위터 광고 주들이 줄줄이 이탈했다. 트위터 매출의 약 90퍼센트가 광고 수입인데 이 수입이 사라진 것이다.[8] 이 결과는 즉각 테슬라 주가의 폭락으로 나타났다.

관리역량이 낮아져도 그림자 비용이 증가한다. 근로자에 의한 횡령 사건이 좋은 예다. 경리나 구매를 담당하는 직원에 대한 관리 소홀이 불러온 결과다. 회사 기밀에 대한 관리가 부실해지면 기술 유출이라는 그림자 비용이 발생한다. 이 경우 기업 경쟁력이 크게 손상될 수 있다. 핵심 기술 인력이 동시에 퇴사해 유사 기업을 만드는 경우도 그림자 비용에 해당한다. 앞에서 설명한 조직의 관료화로 인한 비용 역시 그림자 비용의 일종이다.

다양한 사고 위험에 대처하지 못해도 그림자 비용이 발생한다. 2005년 미국 텍사스시티에 있는 브리티시 페트롤리엄(BP; British Petroleum)의 정유 공장에서 대형 폭발 사고가 있었다.[9] 총 15명이 죽고 180명이 다치는 엄청난 사고였다. 경제적 손실만 15억 달러가 넘었다. 2년 뒤 사건에 관한 보고서가 발간됐다. 사고 원인은 근로자들의 과중한 업무와 누적된 피로였다. 이 사건에 앞서 BP는 비용을 25퍼센트 절감하기 위해 인원 감축을 했다. 그로 인해 공정을 제어하는 직원들의 업무 강도가 급증했다. 공정 제어 스크린에 표시되는 수많은 공정을 소수 인원이 처리하다 보니 화장실 가는 것도 어려웠다. 점심은 제어실 내에서 시간이 되는 대로 먹었다. 사고 당일까지 29일 내내 오전 6시부터 12시간씩 일했다. 결국 잠이 모자라고 늘 피곤한 직원들이 치명적인 실수를 저질렀고 이것은 엄청난 손실로 이어졌다.

그림자 비용에 대한 관리를 위해서는 두 가지에 유의해야 한다. 첫 번째는 그림자 비용에 대해 경각심을 갖는 것이다. 먼저 우리 회사의 가치사슬이나 상황, 또는 전략에 내재된 그림자 비용이 무엇인지를 알고 리스트를 작성해 관리해야 한다(〈표 4〉).

두 번째는 그림자 비용 발생 징후를 주의 깊게 살펴야 한다. 화재를 예로 들어보자. 내부 전선의 얽힘이나 청소 불량 등 현장 관리가 잘 안 되는 기업은 작은 불씨나 전기 스파크로 인한 화재 위험이 높다. 이런 가능성을 미리 감지하는 것이 중요하다. 고객 불만이 증가하고 있다면 주의 깊게 관찰해야 한다. 신입사원이 회사를 퇴사하는 비율이 높다면 그 이유도 추적해야 한다. 더불어 CEO로 인한 리스크는 없는지도 살펴야 한다.

1. 비용통제 모델의 핵심은 불필요한 비용을 줄이는 것이다.

2. 기업의 가치사슬을 알면 비용 발생의 원천을 파악할 수 있다. 획득→
   가공→가치제공의 흐름과 연구개발 및 관리 과정에서 발생하는 불필
   요한 비용을 줄이는 것이 핵심이다.

3. 가치사슬 전 과정에 내포돼 있는 그림자 비용도 줄여야 한다.

제6장

지속 가능한 방법으로 돈을 벌라

네 번째 거울:
수익 모델을 설계하고 살펴보는 거울

"잠자는 동안에도 돈이 들어오는 방법을 찾아내지 못한다면
당신은 죽을 때까지 일해야만 할 것이다."

_워런 버핏, 버크셔 해서웨이 CEO

"부정하게 번 돈은 오래가지 못한다.
그것은 쉽게 와서 쉽게 떠난다."

_티투스 플라우투스, 로마의 희극작가

기업이 생존하기 위해서는 적정 수준의 수익을 벌어야 한다. 고객에게 제공한 가치에 대한 반대급부로 기업이 고객으로부터 받는 것이 '수익'이다. 기업이 수익을 내는 방법에는 두 가지가 있다. 하나는 기업의 근원적 활동인 고객가치 제공을 통해 얻는 것이고, 다른 하나는 고객이나 협력자의 약점을 이용해 얻는 것이다. 두말할 나위 없이 첫 번째가 바람직한 수익창출 방식이다. 두 번째는 그 반대다. 이렇게 얻은 수익은 언젠가 대가를 치러야 한다(〈표 5〉).

| 표 5 | **수익의 원천**

구분	설명	종류
바람직한 수익창출	근원적 활동을 통한 수익	본원수익
		유발수익
		공생수익
바람직하지 못한 수익창출	고객이나 협력자의 약점을 이용한 수익	전가수익
		징벌수익
		강매수익

바람직한 수익창출과 다양성
: 기업의 근원적 활동에서 얻는 수익

기업의 근원적 활동에서 얻는 수익에는 본원수익, 유발수익, 공생
수익이 있다. 본원수익이란 근간이 되는 업을 기반으로 얻는 수익
을 말한다. 사업의 근원이 되는 제품이나 서비스 자체로부터 얻는
수익이다. 유발수익이란 비즈니스의 중심이 되는 제품이나 서비
스가 아닌 보완적 제품이나 서비스 또는 파생적 비즈니스 기회를
통해 얻는 수익을 말한다. 공생수익은 제품이나 서비스의 제공을
받는 직접적 고객이 아닌 제삼자로부터 얻는 수익을 말한다.

본원수익은 비즈니스의 근원적 활동에 의한 수익창출 방식이
다. 본원수익을 얻는 방식은 다양하다. 가장 일반적인 방법은 생산
된 제품이나 서비스의 원가에 일정한 마진을 붙이는 것이다. 대부
분의 제조업이 이런 방식의 수익을 얻고 있다. 서비스업의 본원수
익은 업종에 따라 불리는 이름이 다양하다. 피트니스 센터와 같이
회비를 받는 경우는 회원수익이 된다. 벤처캐피털과 같은 금융사
의 주요 수익원은 투자수익이다. 유망한 벤처 기업에 투자해 얻는
수익을 말한다. 임대수익은 부동산을 임대하고 얻는 수익이다. 자
동차나 정수기 등을 빌려주고 얻는 수익인 렌털 수익도 일종의 임
대수익이다. 인터넷 몰을 제공하는 플랫폼 비즈니스에서는 플랫

폼 사용에 따른 수수료를 근원적 수익 모델로 삼고 있다. 넷플릭스처럼 영화나 드라마를 셋톱박스 없이 제공하는 인터넷 TV 서비스(OTT; Over The Top) 기업은 구독 서비스를 제공하고 있다. 구독료, 즉 월정액이 이들 사업의 근간이 되는 수익이다.

이들과는 조금 다른 방식으로 수익을 얻는 방법이 있다. 그중 하나가 유발수익이다. 두 종류가 있다. 보완수익과 파생수익이다. 보완수익이란 근원적으로 제공되는 서비스나 제품이 아닌 보완적 제품이나 서비스를 통해 얻는 수익을 말한다. 맥도날드는 어디서 가장 많은 수익을 얻을까?[1] 사람들은 비즈니스의 중심인 햄버거를 팔아 수익을 얻을 것이라고 생각하지만 실상은 그렇지 않다. 햄버거 업체 간의 경쟁이 심화되면서 햄버거만 팔아서는 거의 돈을 남기지 못한다. 이를 메워주며 돈을 벌게 해주는 품목은 콜라와 감자튀김이다. 콜라는 60퍼센트 정도 수익이 남고 감자튀김은 40퍼센트 정도 수익이 난다. 그래서 햄버거 비즈니스에서는 가능한 한 콜라나 감자튀김을 세트 메뉴로 판매한다. 개별로 판매하면 수익성이 높은 콜라나 감자튀김의 매출이 줄어들 수 있기 때문이다.

이처럼 일차적으로 제공하는 서비스나 제품이 아닌, 보완적 서비스나 제품에 의해 수익을 얻는 것이 보완수익이다. 이런 방식을 '면도기-면도날' 비즈니스라고 한다. 면도기는 면도날을 판매하기 위한 도구로 사용되는 비즈니스다. 프린터 기업도 유사한 방식으로 수익을 낸다. 주 수익원은 프린터 판매가 아닌 토너나 잉크 판매에서 얻는다. 음식점에서도 보완수익이 중요하다. 소주가 그 역할을 해준다. 음식점의 중심 서비스는 조리된 음식을 제공하는 것이다. 하지만 식재료 구매와 긴 조리 과정으로 인해 원가가 높아 실제 이윤은 그리 크지 않은 편이다. 소주는 예외다. 별도의 조리 과정 없이 판매되는 상품으로 음식점의 매우 중요한 보완적 수익원이다.

또 다른 유발수익으로 파생수익을 들 수 있다. 맥도날드의 수익원 중의 하나가 파생수익이다. 이 회사가 파생수익을 얻는 방법은 임대료다. 놀랍게도 맥도날드 본사 영업이익의 30퍼센트 정도가 부동산 임대수익이다. 맥도날드가 원래 임대 사업을 하는 부동산 업체라면 이것은 본원수익이 된다. 하지만 이 회사의 임대수익은 햄버거 사업에서 파생된 기회를 활용해서 얻는 것이다.

맥도날드는 비즈니스 유망 지역의 땅이나 건물을 사거나 임대를 해 직영점 또는 프랜차이즈 비즈니스를 한다. 임대료는 프랜차이즈 사업에만 적용된다. 맥도날드의 경우 대략 전체 매장의 15퍼센트가 직영점이고 나머지가 프랜차이즈점이다. 프랜차이즈 점주들은 두 가지 비용을 지불해야 한다. 하나는 로열티이고 다른 하나는 맥도날드 소유 부동산 사용에 대한 임대료다. 본사 입장에서 로열티는 프랜차이즈 사업에서 나타나는 본원수익이지만 맥도날드의 큰 소득원은 아니다. 로열티를 받는 대신 마케팅 등 지원 활동을 하기 때문이다.

하지만 임대료는 다르다. 추가 비용 없는 100퍼센트 수익이다. 맥도날드가 건물을 임대해 점주들에게 재임대하는 경우 자신들의 임대료를 충분히 상쇄하고도 남는 비용을 임대료로 받는다. 매장 매출의 10~15퍼센트 정도가 임대료다. 점주가 자신이 직접 임대할 경우 6~10퍼센트 정도가 임대료로 나간다고 한다. 맥도날드 점주 입장에서는 본사와 거래하는 것이 불리한 조건인 셈이다. 그럼에도 맥도날드 프랜차이즈 사업을 하려는 이유는 맥도날드라는 막강한 브랜드로 인해 비즈니스 위험을 최소화할 수 있기 때문이다.

회원수익을 파생수익으로 삼는 곳도 있다. 창고형 매장을 운영하는 코스트코의 주 수익원은 물건을 팔아 남는 이윤이 아닌 회원수익이다. 많은 사람이 코스트코에서 제품 판매를 통해 수익을 내는 것으로 알고 있지만 실제로는 아니다. 판매이윤이 있긴 하지만 코스트코의 사업을 간신히 유지할 정도라고 한다. 좋은 제품을 박리다매로 팔기 때문이다. 이 문제를 해결하기 위해 매장을 찾아오는 고객을 모두 유료 회원화해 이들로부터 회비를 받는 파생수익을 개발했다. 미국 기준으로 일반회원의 연회비는 60달러 정도며 특별회원은 120달러다. 놀랍게도 코스트코의 회원 갱신율은 90퍼센트에 이르며 특별회원들의 증가 속도도 매우 빠르다.[2]

파생수익은 문화콘텐츠 사업에서도 활용된다. 원소스멀티유즈(OSMU; One Source Multi Use) 비즈니스가 좋은 예다. 대표적인 예가 월트디즈니(Walt Disney)의 미키마우스다. 미키마우스는 월트디즈니의 대표적인 만화영화 주인공이다. 영화가 성공했으니 본원수익인 흥행수익 역시 어마어마했을 것이다. 하지만 실제로는 다른 곳에서 더 많은 수익을 올렸다. 미키마우스를 활용한 캐릭터 판매 사업, 게임 사업, 의류 및 팬시 사업, 시계나 액세서리 사업, 도서 사업 등에서 엄청난 수익을 올렸다.

한국의 뽀로로도 OSMU 사업의 대표적인 예다. 이제는 케이팝(K-Pop)에서도 이 전략을 사용한다. BTS라는 하나의 소스를 이용해 다양한 방식으로 비즈니스를 전개하고 있다. 한 예가 맥도날드의 BTS세트 판매다. 이로 인해 전 세계 맥도날드 매장이 긴 줄로 붐볐고 맥도날드의 글로벌 매출이 41퍼센트 늘어났다.[3] 당연히 맥도날드는 상응한 비용을 BTS 소속사에 지불했을 것이다. BTS라는 하나의 소스가 다양한 방식으로 수익을 내고 있음을 보여주는 사례다.

아마존은 색다른 유형의 파생수익을 내고 있다. 아마존의 사업 영역은 크게 아마존 몰을 통한 상품판매 사업, AWS를 이용한 클라우드 컴퓨팅 사업, 아마존 프라임(Prime) 회원 서비스 사업, 대출 사업(Amazon Lending)으로 구분할 수 있다.

상품판매는 서적을 포함한 다양한 상품을 인터넷으로 판매하는 사업이다. AWS는 클라우드 서비스를 제공하는 사업이다. 아마존은 두 사업을 통해 본원수익을 올린다. 프라임 회원 서비스는 아마존의 다양한 근원적 비즈니스를 기반으로 파생수익을 얻기 위한 사업이다. 한마디로 회원 수익 사업이다. 프라임 회원으로 가입하면 아마존 몰에서 구매한 상품에 대한 무료배송 서비스를 받을 수 있다. 여기에 특별세일 기회가 먼저 제공된다. 또 아마존이 제공하는 음악, 서적, 영화 및 드라마 등에 대한 무료 스트리밍 서비스를 받을 수 있고 아마존 프라임 서비스를 통해 무료 사진저장 서비스도 받을 수 있다. 이런 혜택이 있어 프라임 회원 서비스 가입률이 매우 높다.

그런데 아마존은 매우 특이한 방식으로 또 다른 종류의 파생수익을 얻고 있다. 금융대출 사업이다. 이 회사는 자신들이 특별히 선정한 기업들을 대상으로 대출 서비스를 하고 있다. 자금의 원천은 아마존이 보유한 자금과 회비 납부로 유입되는 현금, 그리고 아마존 몰에서 고객들이 상품 구입으로 지불한 현금과 거래처에 대한 지급을 몇 개월 유보해(어음거래) 확보한 현금이다. 대출금액은 최소 1,000달러에서 최대 75만 달러까지다. 대출기간은 최대 12개월이다. 대출받은 돈은 아마존 몰을 통해 제품을 구매할 때 쓸 수 있다. 특별히 인정된 경우는 다른 금융 회사의 대출을 상환하는 데도 쓸 수 있다.[4] 오랜 기간 적자를 벗어나지 못하고 있었던 아마존은 AWS 사업으로 회생했다. 결정적으로는 회비와 대출 서비스로 인한 파생수익이 아마존의 수익 개선에 큰 역할을 했다. 앞으로는 금융 서비스가 이 역할을 할 것으로 기대되고 있다.

공생수익도 있다. 직접적인 거래 당사자로부터 수익을 내는 것이 아닌 제삼자로부터 얻는 수익을 말한다. 방송사가 대표적으로 공생수익으로 살아가는 기업이다. TV나 라디오 방송의 경우 직접적인 거래 당사자는 방송사와 시청자다. 방송사는 시청자들에게 수신료를 받지 않는 대신 시청자들을 활용한 광고사업을 한다. 네이버와 같은 기업 역시 유사방식으로 비즈니스를 하고 있다. 엄청난 투자를 해 인터넷 서비스를 사용자들에게 제공하지만 비용을 받지 않는다. 대신 사용자가 문서를 검색할 때마다 광고가 따라다닌다. 광고 비용은 기업으로부터 받는다. 검색 서비스도 유사하다. 특정 지역의 유명 맛집 찾기를 하면 검색 결과에서 맨 먼저 떠오르는 곳이 있다. 광고료를 가장 많이 지불한 곳이다.

바람직하지 못한 수익창출
: 고객과 협력자의 약점을 이용해 얻는 수익

협력자나 고객의 약점을 이용해 수익을 얻는 방법이 있다. 전가수익, 징벌수익, 강매수익이 여기에 해당한다. 전가수익이란 협력기업에게 비용을 떠넘겨 얻는 수익을 말한다. 징벌수익은 고객에게 페널티를 물려 얻는 수익을 말한다. 강매수익은 고객이 할 수 없이 구매해야 하는 상황을 이용해 얻는 수익을 말한다. 이런 방식으로 얻는 수익은 바람직하다고 말하기 어렵다.

마트나 할인판매점에서 전가수익을 관찰할 수 있다.[5] 이들의 기본적 수익 모델은 판매 마진에서 이익을 얻는 것이다(본원수익). 그런데 이 비즈니스에서 수익을 내기가 만만치 않다. 월마트의 유명한 구호 '매일 저렴한 가격'에서 짐작할 수 있듯 이 사업에서 판매 마진을 얻는 것은 매우 어렵다. 판매마진이 줄수록 수익을 내는 방법은 단 한 가지로 귀결된다. 무조건 '많이' 팔아야 한다.

많이 팔면 두 가지 효과가 있다. 하나는 규모의 경제를 통한 수익 창출 효과다. 다른 효과도 있다. 많이 팔 수 있으면 공급자에 대해 유리한 협상력을 가질 수 있다. 이 협상력을 이용해 구매 비용을 낮춰 수익을 보전할 수 있다. 그런데 협상력이 생기면 또 다른 부수적인 힘을 갖는다. 자신들의 비용을 떠넘길 수 있다. 마트나 할인점들은 할인 판매를 위해 다양한 판촉 행사를 실시한다. 이때 비용의 일부를 이들 공급 업체들에게 요구하기도 한다. 또는 인테리어비나 광고비를 요구하기도 한다. 이렇게 해서 얻어지는 수익을 전가수익이라고 한다.

징벌수익은 고객의 잘못을 이용해 버는 수익이다. 연체가 대표적이다. 금융 기관이 가장 잘 활용하는 방식이다. 연체이자는 원래 지불해야 하는 이자보다 훨씬 많아진다. 연체를 활용한 고리대금업의 수단이다.

넷플릭스가 전 세계적으로 주목을 받기 이전에, 미국의 영화 DVD 시장을 장악했던 블록버스터(Blockbuster)라는 기업이 있었다.[6] 이곳의 본원수익은 당연히 DVD를 빌려주는 대가로 받는 대여비다. 그런데 기이한 일이 벌어졌다. 이 회사의 수익구조를 살펴보니 DVD 대여료가 아닌 연체료에 의한 수익이 막대했다. DVD를 빌린 후 반납 기한을 어긴 고객들이 지불한 돈이 핵심 수익이었던 셈이다. 신작 영화를 계속 사들여야 하는 DVD 대여 사업은 투자비용이 크다. 따라서 대여를 통한 수익은 한계가 있다. 하지만 연체료는 다르다. 추가 비용 한 푼 없이 연체 일자만큼 수익을 낼 수 있는 구조다. 블록버스터의 경우 전체 매출에서 연체료가 차지하는 비중이 20퍼센트를 웃돌았다.

강매수익은 고객이 구매를 하지 않을 수 없는 상황에서 강제적으로 판매해 얻는 수익이다. 최근 BMW의 구독 서비스에 대한 불만이 많다. 구독 서비스는 혜택이 늘어나도록 설계하는 것이 보통이다. BMW가 제공하는 서비스를 예로 들면, 상향등을 자동으로 작동시키는 '하이빔 어시스턴트' 서비스나 앞서 주행하는 차량과의 간격을 유지하고 차선 유지를 돕는 '드라이빙 어시스턴트' 서비스가 여기에 해당한다.[7] 운전자가 선택하지 않더라도 운전에 불편이 없지만 필요한 사람들에게는 요긴한 기능이다. 하지만 BMW는 운전에 필수적인 운전대와 좌석의 열선 기능도 구독 서비스로 반강매하고 있다. 추운 겨울에 필수 기능인 열선을 사용하려면 월정액을 내라고 하니 고객들로서는 불만이 매우 크다. 이런 것이 강매수익이다.

바람직한 수익창출이 중요한 이유

기업의 수익을 설계할 때에 주의할 사항이 있다. 본원수익이나 유발수익 또는 공생수익을 통해 수익설계를 해야 한다는 점이다. 전가수익, 징벌수익 또는 강매수익은 피해야 한다. 이들에 과도하게 의존하게 되면 단기적 성과는 거둘 수 있을지 모르지만 중장기적 생존이 어려워질 수 있기 때문이다. 세 가지 이유가 있다.

- 불필요한 사회적 불만을 일으키며 평판을 잃거나 사회나 정부로부터 응징을 받을 수 있다.
- 경쟁자 또는 잠재적 경쟁자가 시장을 장악하거나 손쉽게 진입하게 만드는 빌미를 줄 수 있다.
- 기업의 변화역량을 떨어뜨린다.

바람직스럽지 못한 방식으로 수익을 얻게 되면 사회적 지탄의 대상이 되고 그에 따른 손실을 입을 수 있다. 기업에게 불리한 상황을 스스로 만들게 되고 이로 인해 사회나 정부로부터 벌을 받을 수 있기 때문이다. 이러한 일들은 프랜차이즈 비즈니스에서 종종 일어난다.

인천에서 한 피자 업체 가맹점을 운영하던 점주가 자살하는 사건이 일어났다. 피자 회사 본사가 시중보다 훨씬 비싼 가격으로 식자재 구입을 강매했고 할인 행사에 발생하는 비용 부담을 가맹주들에게 전가시켰기 때문이다. 매출액의 4퍼센트는 무조건 광고비 명목으로 지불해야 했고 이에 대한 이의제기는 묵살됐다. 이런 상황에서 사업을 접을 수도 없고 빚만 늘어가자 가맹점주가 극단적인 선택을 한 것이다.[8]

비슷한 사건이 카앤피플이라는 브랜드의 프랜차이즈 사업에서도 일어났다. 이 회사는 시중에서 구입해도 법적으로 문제가 없는 세차타월이나 스펀지 등 52개 품목을 가맹본부로부터 강제로 구매하도록 했다. 그리고 이들 품목에 대해 시중가 대비 8~56퍼센트의 마진을 붙였다. 공정거래위원회는 가맹사업법이 정한 행위를 어긴 것이라고 판단해 제재를 가했다.[9]

징벌수익에 지나치게 의존하다 결국 생존이 어려워진 기업이 있다. 앞에서 살펴본 DVD 대여 업체 블록버스터다. 블록버스터는 2010년 9월 파산보호신청을 했다. 넷플릭스의 등장 때문이다. 넷플릭스의 공동설립자인 리드 헤이스팅스(Reed Hastings)는 〈아폴로 13호〉 DVD를 빌렸다가 반납 기일을 못 지켜 40달러의 연체료를 낸 경험이 있었다.[10] 연체료가 부당하다고 생각한 헤이스팅스는 회원이 되기만 하면 이용 시간에 제약을 받지 않는 헬스클럽처럼 아무 때나 DVD를 빌려볼 수 있는 사업을 생각했다. 회사를 만들고서 가장 먼저 블록버스터가 당연시했던 연체료를 없앴다. 대신 DVD를 조기 반납하면 다음 주문 시 DVD를 더 빨리 제공하는 인센티브를 부여했다. 이런 전략이 시장에 퍼져나가고 있었음에도 블록버스터는 고객들에게 징벌수익을 거둬들이는 행위를 그치지 않았다. 자연스럽게 고객들이 블록버스터를 떠나기 시작했다. 그 반사이익을 모두 넷플릭스가 가져갔고 블록버스터는 사라졌다.

바람직스럽지 못한 수익은 비즈니스의 핵심 경쟁력에서 나오는 수익이 아니다. 그럼에도 여기에 익숙해지면 마약처럼 끊기 쉽지 않다. 아무 노력을 하지 않아도 돈을 벌다 보면 본업의 경쟁력이 어떻게 되고 있는지를 잊게 된다. 시간이 흐르면 본업은 어느새 망가지게 되고 바람직하지 못한 수익 역시 한순간에 사라지게 된다.

KEY TAKEAWAYS

1. 기업은 두 가지 방법으로 수익을 얻는다. 하나는 기업의 근원적 활동인 고객가치를 통해 얻는 방법(바람직한 수익창출)이고 다른 하나는 고객이나 협력자의 약점을 이용해 수익을 얻는 방법(바람직하지 못한 수익창출)이다.

2. 바람직한 수익에는 본원수익, 유발수익, 공생수익이 있다. 바람직하지 못한 수익에는 전가수익, 징벌수익, 강매수익이 있다.

제3부

외적·내적 정합성을
알면
비즈니스가 보인다

제 7 장

비즈니스의
밸런스 게임

비즈니스의 외적·내적 정합성

"고객에게 어떤 즐거움을 주고
어떤 고통을 줄여줄지를 고민하는 것이 바로
외적 정합성을 만드는 방법이다.
내적 정합성은 고객관계 모델-가치생성 모델-비용 모델-수익 모델이
마치 하나처럼 유기적으로 부드럽게 작동될 때 만들어진다."

_본문 중에서

비즈니스 모델과 정합성

비즈니스가 아무리 그럴듯하게 설계돼도 외적 정합성과 내적 정합성을 갖추지 못하면 성공시키기 어렵다. 어떤 경우에 이들 정합성을 높일 수 있을까? 비즈니스 모델을 이용해 설명하자면 고객 환경→고객관계 모델→가치생성 모델→비용 모델→수익 모델의 흐름이 좋을 때 외적 정합성과 내적 정합성이 높다고 할 수 있다(〈그림 5〉).

그림 5 | **비즈니스 모델과 정합성**

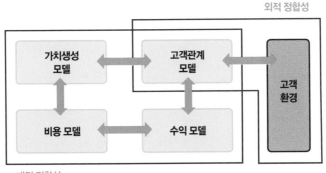

외적 정합성의 핵심,
고객의 즐거움은 늘리고 고통은 줄이는 것

비즈니스의 외적 정합성은 어떻게 만들어질까? 답은 앞서 살펴본 고객관계 모델의 하위 모듈과 관련이 있다. 다시 말해 고객에게 어떤 즐거움을 주고 어떤 고통을 줄여줄지를 고민하는 것이 바로 외적 정합성을 만드는 방법이다.

외적 정합성을 높이는 데 도움이 되는 생각 방식이 있다. '아웃사이드인(outside in)' 사고다. 즉, 남의 시각에서 나를 바라보는 방식이다. 반대의 사고방식을 '인사이드아웃(inside out)' 사고라고 한다. 즉, 나의 시각에서 세상을 바라보는 것을 말한다. 일반적으로 사람들은 아웃사이드인 사고보다는 인사이드아웃 사고에 익숙해져 있다.

이와 관련한 우스갯소리가 있다. 꽤 오래전 있었던 실화다. 서울 서초구에 가면 남부터미널이 있다. 서울에서 지방 각처로 가는 시외버스가 떠나는 곳이다. 이곳에 운전기사들이 사용하는 구내식당이 있었다. 이곳에 "손님이 짜다면 짜다."라는 플래카드가 걸려 있었다. 사연은 이렇다. 구내식당 주방 아주머니의 음식이 짰던 모양이다. 그래서 "아줌마 짜요."라고 투덜대는 기사들이 많았단다. 이런 소리를 들으면 아줌마가 주방에서 나와 수저로 자신이 만든 음식을 떠먹어보고 돌아서면서 "나는 안 짠데." 한단다. 주방 아주머니의 사고를 인사이드아웃 사고라고 한다. 구내식당 주인은 주방 아주머니가 짜지 않은 것이 중요한 게 아니라 손님이 짜다는 것이 중요함을 인식시키기 위해 "손님이 짜다면 짜다."라는 플래카드를 붙였던 것이다. 주인의 이런 사고를 아웃사이드인 사고라고 한다.

어떤 종류의 비즈니스를 하더라도 아웃사이드인 사고를 통해 세상을 이해하려고 해야 한다. 평생 기술만 바라보며 연구개발을 하는 엔지니어들은 대체로 아웃사이드인 사고에 익숙하지 못하다. 이들은 기본적으로 인사이드아웃의 사고방식으로 세상을 인식한다. 내 기술이 최고고 나를 알아주지 않는 사람들이 야속하다고 생각한다. 하지만 이런 방식으로 접근하면 그 어떤 사업도 실패한다.

모든 비즈니스의 핵심은 고객이 원하는 것을 주는 것이다. 이들의 즐거움은 늘려주고 고통은 줄여주려는 생각이 외적 정합성을 만들어내는 핵심 원리다. 반대로 나의 시각에서 세상을 보는 인사이드아웃 사고를 통해서는 아무리 유능한 기업도 외적 정합성을 맞추기 어렵다.

외적 정합성과 비즈니스 성패

외적 정합성을 이야기로 들을 때는 이해한 듯 보이지만 실제로 적용하기는 쉽지 않다. 한국의 대형 식품 기업 CJ제일제당이 외적 정합성을 맞추지 못하는 실수를 한 적이 있다. 이 회사에서 야심 차게 시장에 내놓은 제품 중 하나가 '쇠고기 다시다'다. 한국에서의 대성공에 힘입어 중국 시장으로 진출했다. 하지만 결과는 처참했다. 중국 소비자들은 '쇠고기 다시다'에 미동도 하지 않았다.

그렇게 4년여의 시간이 흘러서야 CJ제일제당은 무엇이 문제였는지 알게 됐다. 중국 소비자들은 육수를 만들 때 소고기가 아닌 닭고기를 사용한다. 뒤늦게 깨달은 CJ제일제당은 곧바로 닭고기 다시다 개발에 착수했다. 그리고 중국 시장에 제품을 다시 내놓았고 예상은 적중했다. 이후 CJ제일제당의 닭고기 다시다는 중국 시장을 평정하게 됐다.

러시아에 진출할 때도 중국에서의 경험이 큰 역할을 했다. 소고기와 닭고기 다시다를 출시하되 판매 방식을 변경했다. 서양 사람들에게는 동양인에게 익숙한 육수의 개념이 없다. 따라서 한국이나 중국처럼 육수를 내는 방식이 아닌 라면 스프처럼 뿌려 먹는 방식으로 변경했다. 이 전략을 짤 때 두 가지를 참고했다. 하나는 러시아 사람들이 생각하는 라면 스프의 용도였다. 이들은 라면을 끓일 때만 스프를 사용하지 않는다. 다양한 요리 위에 라면 스프를 뿌려 먹는 것을 좋아했다. CJ제일제당은 소고기와 닭고기 다시다도 이런 목적으로 쓰일 수 있도록 제품 개념을 바꿨다. 스프를 소분해 봉투에 넣는 방식으로 판매했다. 다음으로 러시아 국민이 즐겨 먹는 야채 스프인 '보르시'를 참고해 제품에 야채를 가미했다. 기본 맛은 소고기나 닭고기를 유지하되 야채가 가미된 다시다를 내놓았다. 이런 노력 덕분에 CJ제일제당의 다시다는 러시아 시장에 순조롭게 안착할 수 있었다. 중국 시장에서 얻은 경험이 주효했다.

미국의 샌드위치 프랜차이즈 서브웨이(Subway)는 CJ제일제당과는 반대 사례다. 2011년 베트남에 진출했지만 아직도 성과를 내지 못하고 있다. 경쟁 음식인 '반미'라는 베트남식 샌드위치를 넘어서지 못한 것이 주 원인이다. 반미는 베트남어로 빵을 의미한다. 내셔널 지오그래픽(National Geographic)에서 세상에서 제일 맛있는 길거리 음식 중 하나로 선정됐다. 반미에 사용되는 빵은 일반 샌드위치 빵과 다르다. 일종의 바게트다. 프랑스 식민 시대의 유물이다. 여기에 마요네즈를 바르고 식초로 절인 채소와 고기를 넣어 서양식 샌드위치와 비슷하게 만들어낸다.

서브웨이는 반미에 익숙한 베트남인에게 도전했지만 브랜드의 신선함 이외에 아무런 감흥을 주지 못했다. 일단 서브웨이는 미국식을 고집했다. 서브웨이의 샌드위치에는 마요네즈의 고소한 맛이 없었다. 채소와 고기가 어울려 내는 맛도 없었다. 반면 반미는 재료에 따라 다양한 맛을 내는 장점이 있었다. 따뜻한 계란 프라이가 들어가기도 하고 미트볼이 들어가기도 한다. 무엇보다 서브웨이의 가격이 반미의 서너 배나 됐다.

롯데리아는 다른 전략을 사용했다. 이 회사는 1998년 베트남에 직영점을 열어 비교적 이른 시기에 베트남을 공략했다. 하지만 한국에서의 경영 방식을 고집하지 않았다. 롯데리아의 주력 제품은 햄버거지만 베트남에서는 현지화에 공을 들여 베트남식 밥류 제품을 다양하게 내놓았다. 베트남 국, 치킨과 밥, 양념치킨, 간장소스 치킨 등 베트남인들에게 친숙하되 한국의 맛이 담긴 제품을 출시했다. 가격도 베트남인들의 주머니 사정을 고려했다. 이런 노력으로 롯데리아의 베트남 내 패스트푸드 시장 점유율은 업계 최고인 25퍼센트에 이른다.

외적 정합성의 문제는 식품이나 음식 비즈니스에서만 중요한 것이 아니다. 모든 비즈니스에서 중요하다. 2012년 구글은 '구글글라스(Google Glass)'라는 안경을 세상에 내놓았다. 간단히 말해 정보 기술을 결합한 안경이다. 구글글라스를 쓰고 물체를 보면 안경 렌즈에서 번역이 되고 사진과 동영상도 찍을 수 있다. 엄청난 인기를 끌 것으로 예상됐지만 참패를 면치 못했다. 여러 가지 문제가 있었다. 우선 쓰고 다니기에 너무 무겁고 컸다. 또 안경의 정보 기술 인터페이스가 원활히 작동하지 못해 소비자가 원하는 수준의 기능을 구현할 수 없었다. 그리고 가격도 만만치 않았다. 구글에서는 문제를 인식하고 업그레이드 제품을 내놓았다. 하지만 인터페이스 반응 속도는 오히려 더 늦어졌고 발열이 심했다.[1] 이 제품은 고객에게 주는 즐거움은 별로 없으면서 고통만 잔뜩 안겨준 제품으로 인식됐다. 결국 시장에서 철수했다.

그렇다면 스마트 글라스는 별 볼 일 없는 제품인가? 아니다. 소비자와의 외적 정합성을 맞출 수 있다면 얼마든지 반전시킬 수 있다. 이런 가능성을 보고 2021년 페이스북이 구글글라스의 문제점을 개선한 '레이밴 스토리'라는 스마트 글라스를 선보였다. 500만 화소의 카메라 두 대, 스피커 두 대, 마이크 세 대가 장착된 제품으로 사진과 동영상 촬영, 전화 통화와 녹음이 가능하며 특히 소셜미디어 기능에 특화됐다는 평가를 받고 있다. 안경테에 부착된 버튼만 누르면 촬영이 시작된다.

레이밴 스토리는 60초 길이의 동영상 35개 또는 사진 500장을 저장할 수 있다. 영상물은 페이스북이 제공하는 애플리케이션을 통해 페이스북이나 인스타그램으로 바로 업로드할 수 있다. 블루투스 스피커가 내장돼 있어 음악과 팟캐스트 재생이 가능하고 전화 통화도 가능하다. 외관상으로는 일반 선글라스와 큰 차이가 없

다. 가격도 299달러 정도로 부담을 덜어줬다. 시장에 서서히 침투 중이다. [2]

CJ제일제당, 서브웨이, 롯데리아, 구글, 페이스북의 예는 외적 정합성이 얼마나 중요한지를 여실히 보여준다. 기업이 수익을 내며 계속 생존하려면 기본적으로 외적 정합성이 좋아야 한다. 하지만 여전히 많은 기업이 외적 정합성을 무시한 제품이나 서비스를 시장에 내놓는 실수를 범하곤 한다. 고객이 느끼는 즐거움과 고통을 제대로 이해하지 못하고 제품이나 서비스를 개발하고 출시하기 때문이다.

외적 정합성에 문제가 생기는 이유

외적 정합성이 틀어지는 이유는 여러 가지다. 하나는 큰 고민 없이 비즈니스로 돌진하는 경우다. CJ제일제당이 처음 '쇠고기 다시다'를 중국에 선보일 때 이런 일이 있었다. 서브웨이가 베트남에서 성공을 이루지 못하는 이유도 여기에 있다. 구글글라스의 경우는 자신의 기술만 믿고 고객의 입장을 진지하게 생각하지 못한 경우다.

또 다른 이유도 있다. 환경변화를 제품 전략에 반영하지 못했기 때문이다. 환경은 고정불변이 아니다. 환경은 변화하면서 끊임없이 외적 정합성을 흔든다. 이를 알아채지 못해 대응이 늦어지거나 잘못된 대응을 하면 외적 정합성이 깨진다. 소비자들은 자신들에게 유리한 혜택을 제공하는 제품이나 서비스가 나타나면 재빠르게 소비 방향을 틀어버린다. 이때 외적 정합성이 깨진다.

워크맨이라는 추억의 제품이 있다. 일본의 소니가 만들어 세상을 뒤집어놓은 음악 듣기 전용 카세트 플레이어다. 일본인은 워크맨을 엄청나게 자랑스럽게 여긴다. 그런데 워크맨의 아성을 한순간에 무너뜨린 제품이 있다. 한국기업이 만든 음악 듣기 전용 MP3 플레이어 아이리버다. 워크맨과 달리 카세트테이프 형태가 아닌 메모리 반도체를 이용해 음악을 저장 받았다가 듣는 기기다.

아이리버가 나오자 젊은 세대가 환호했다. 우선 제품의 부피가 워크맨의 10분의 1도 안 됐다. 작은 크기 덕분에 목에 걸면 예쁜 액세서리로 사용할 수 있었다. 또 메모리 반도체를 이용하다 보니 카세트테이프보다 훨씬 많은 곡을 저장할 수 있었다. 저장된 곡을 지우고 새로운 곡을 저장하기도 쉬웠다. 구매도 쉬웠다. 워크맨은 전자제품을 취급하는 매장에서 팔았지만 아이리버는 온라인을 통해 구매할 수 있었다. 신세대들이 환호할 만한 요소를 모두 갖추고 있었다. 그렇게 아이리버의 세상이 열리고 있었다.

그런데 문제가 생겼다. 애플이 아이리버를 능가하는 새로운 버전의 MP3 플레이어를 내놓았다. 아이리버는 기본적으로 플래시 메모리를 기반으로 한다. 플래시 메모리란 전원이 꺼져도 저장된 데이터를 유지할 수 있는 반도체다. 그런데 단점이 하나 있다. 곡을 저장할 수 있는 용량이 제한적이었다. 200곡 정도가 한계였다.

애플은 아이리버의 용량 문제를 공략했다. 플래시 메모리 대신 하드디스크를 기반으로 하는 MP3 플레이어를 내놓았다. 하드디스크는 무려 1만 곡을 저장할 수 있었다. 애플은 아이튠즈라는 음악구매 관리 플랫폼도 도입했다. 음악계에 거대한 태풍을 일으키는 계기가 됐다. 음악을 듣는 기기와 음원을 한 회사인 애플이 관리하자 소비자들은 아이튠즈 방식에 환호했다. 반면 아이리버는 음악사이트에 저장된 음원을 내려받아 음악만 듣는 기기에 불과했다. 아이튠즈와 같은 거대 플랫폼을 이용할 수 없다는 치명적인 약점이 생겼다. 그러면서 시장에서 사라지게 됐다.

베네통(Benetton)도 유사한 이유로 비즈니스가 어려워진 예다.[3] 베네통은 세상에서 고객을 가장 잘 이해하고 이것을 내부에서도 가장 잘 뒷받침해주던 곳으로 유명한 의류 기업이었다. 이 기업이 도입한 후염 가공 기법은 의류 업계에서는 일대 혁명으로 여겨졌다. 염색 후 옷을 만드는 것이 아닌 옷을 만들어놓고 주문이 들어오면 염색하는 방식을 세계 최초로 도입했다. 티셔츠 같은 옷은 디자인보다는 색상 변화가 극심했다. 계절에 따라 혹은 사회 분위기에 따라 소비자가 요구하는 색상이 달랐다. 그러다 보니 디자인이 아니라 색상 때문에 재고가 쌓이는 일이 잦았다. 후염 기술은 이 문제를 해결해줬다.

그런데 2000년대로 접어들면서 베네통은 어려워지기 시작했다. 자라나 H&M 같은 패스트패션(fast fashion) 기업들이 시장을 장악하면서부터다. 이들은 누가 트렌디한 옷을 더 빨리 얼마나 저렴하게 만드느냐로 의류 업계의 판도를 변화시켰다. 기존의 패션 업체들은 계절별로 옷을 디자인했다. 하지만 패스트패션 기업들은 계절에 상관없이 매우 빠른 주기로 디자인을 바꾸는 전략을 들고 나왔고 소비자들이 여기에 환호했다.

엄청난 변화가 일어나고 있음에도 베네통은 자신들에게 익숙한 계절별 기획 방식을 고수했다. 누군가 여기에 문제가 있다고 해도 귀를 기울이지 않았다. 이들은 자신들의 방식에 매우 익숙해 있었던 것이다. 결국 베네통은 새로운 트렌드에 맞는 외적 정합성 구축에 실패하며 몰락의 길을 걸어가게 됐다.

외적 정합성이 망가지는 또 다른 이유가 있다. 고객을 무시한 전략을 수립할 때다. 까르푸는 유럽 최대 유통 업체다. 앞서 소개했듯이 이 회사는 한국에 진출했지만 결국 철수했다.[4] 문제는 자국인 프랑스에서도 고전을 면치 못하고 있다는 점이다. 까르푸가 프랑스 시장에서 저지른 실수는 새로운 전략인 프리미엄화와 관련 있다. 이들은 식품매장을 고가의 유기농 제품으로 채우고 내부 인테리어를 최고급으로 꾸미는 전략을 취했다. 매장 면적도 1만 제곱미터로 키웠다. 유럽 할인마트의 평균 면적 3,000~5,000제곱미터와 비교하면 두세 배가 넘는 규모다. 고급화 전략은 여기서 멈추지 않았다. 화려해진 매장을 고급 화장품과 가전제품 그리고 DVD와 도서로 채웠다.

그런데 고객으로부터 전혀 예상치 못한 반응이 나타났다. 손님들이 까르푸를 떠나기 시작한 것이다. 왜 이런 일이 벌어졌을까? 고객이 요구하는 것과 까르푸가 제공하는 것 사이에 큰 괴리가 있었기 때문이다. 프랑스인이 할인마트를 찾는 가장 큰 이유는 가격이다. 가뜩이나 경기가 어려워져 웬만해선 지갑을 열지 않는 상황에서 유기농 식품을 앞세워 갑자기 가격을 올리자 고객들은 당황했다. 그렇다고 까르푸가 건강을 생각하는 유기농 식품 전문 판매점이라는 이미지를 사전에 잘 형성해놓은 것도 아니었다. 설상가상 장바구니를 들고 마트를 찾은 사람들에게 어울리지 않는 고가 화장품을 사라고 했다.

그뿐만이 아니다. 이젠 온라인 유통 업체에게 자리를 내준 전자제품과 DVD 그리고 도서를 매장에 들여놓았다. 소비자들은 까르푸가 참 이상한 행동을 한다고 여길 수밖에 없었다. 까르푸의 새로운 전략이 오히려 외적 정합성을 깨뜨리는 요인으로 작용한 것이다. 외적 정합성이 깨진 기업은 이것을 개선하지 않는 한 몰락의 길에서 빠져나오기 쉽지 않다.

내적 정합성과 선순환구조

외적 정합성이 갖춰졌다면, 그다음에는 내적 정합성에 주목해야 한다. 아무리 외적 정합성이 좋아도 내적 정합성이 따라주지 않으면 기업은 곤경에 처한다. 골프를 잘 치는 사람들은 셋업, 백스윙, 다운스윙, 피니시의 네 가지 동작을 유연하게 해낸다. 이것이 잘 이뤄진 상태를 두고 스윙의 밸런스가 좋다거나 스윙의 리듬이 좋다고 한다. 비즈니스 모델에도 유사한 특성이 필요한데, 이것이 바로 내적 정합성이다.

내적 정합성은 고객관계 모델-가치생성 모델-비용 모델-수익 모델이 마치 하나처럼 유기적으로 부드럽게 작동될 때 만들어진다. 이런 상태를 선순환구조가 만들어졌다고 한다. 바꿔 말해 선순환구조가 갖춰지면 비즈니스 모델의 내적 정합성이 높아진다(〈그림 6〉). 선순환구조가 전하는 메시지는 간단하다. 비즈니스는 고객과 관계를 맺는 데서 시작하며, 그것이 고객가치를 생성하는 방식을 결정하고, 가치생성 활동을 통해 비용과 수익을 결정해야 한다는 것이다. 이런 흐름이 물 흐르듯 이뤄지는 것을 비즈니스의 선순

| 그림 6 | **비즈니스의 선순환구조**

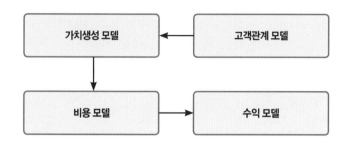

환구조가 만들어졌다고 말한다.

비즈니스의 선순환구조가 의미하는 바는 간명하다. 경영의 성패는 외적 정합성이나 내적 정합성 하나만으로 이뤄지는 것이 아니라 내적 정합성이 외적 정합성을 뒷받침해줘야 가능하다는 것이다.

한국 시장에서 스마트폰 사업의 혜택은 삼성전자만 누린 것은 아니었다. 팬텍이라는 한국 휴대전화 회사가 있었다. 팬텍 역시 소비자들의 사랑을 누렸다. 네온사인, 골드루키, 듀퐁, 큐브릭, 오마주 등 젊은 세대에게 호소하는 디자인 전략으로 삼성전자에 뒤이어 2위 휴대전화 제조업체로 등극하기도 했다. 그 덕분에 LG 휴대전화가 3위로 밀려나는 수모를 겪었다. 특히 베가 레이서라는 브랜드는 한국에서 100만 대 이상이 팔릴 정도로 엄청난 인기를 끌었다. 하지만 여기까지였다.

팬텍은 순식간에 무너졌다. 엄청난 불량 때문이었다. 휴대전화가 스스로 재부팅되거나, 배터리가 너무 쉽게 소모됐다. 메인보드가 나가는 일도 있었다. 더 큰 문제는 애프터서비스에 있었다. 휴대전화가 고장 나 서비스센터로 가져가면 소비자의 부주의가 아님에도 수리비를 요구했다. 이런 일이 벌어지자 소비자들 사이에서는 베가 레이서를 쓰레기에 빗대어 '베레기'로 불렀다.[5]

팬텍의 문제는 외적 정합성을 뒷받침하지 못하는 내적 정합성에 있었다. 팬텍은 젊은 세대의 취향을 너무나도 잘 읽었지만 폭발하는 수요(고객관계 모델에서의 성공)를 감당할 수 있는 기술과 생산 역량을 갖추지 못했다. 꼼꼼한 기술 개발이나 정밀한 생산 그리고 품질 검사가 이뤄지지 못했던 것이다(가치생성 모델에서의 실패). 이러다 보니 영업에서 벌어들인 돈을 기술 부서, 생산 부서 그리고 애프터서비스에서 다 까먹었다. 품질 불량을 처리하는 비용이 폭증했고(비용 모델의 실패) 비용이 증가한 만큼 수익은 곤두박질쳤다. 더 큰 문제는 비용을 조금이라도 건지기 위해 수리비로 수익을 만회해보려고 했다는 것이다. 하지만 이것은 사태를 더욱 악화시킬 뿐이었다(징벌수익). 팬텍이 주는 교훈은 간단하다. 외적 정합성을 뒷받침하는 내적 정합성이 만들어지지 못한 비즈니스 역시 생존하기 어렵다는 것이다.

어떻게 두 정합성을 높일 수 있을까? 비즈니스 모델을 이용해 설명하자면 고객 환경→고객관계 모델→가치생성 모델→비용 모델→수익 모델의 흐름이 좋을 때 외적 정합성과 여기에 적합한 내적 정합성이 높아진다.

이런 방식으로 선발주자를 밀어낸 기업이 있다. 월마트다. 과거 미국의 대형 슈퍼마켓의 선두주자는 누가 뭐라고 해도 K마트였다. 월마트가 등장하기 전까지는 말이다. K마트는 월마트의 교과서였다. 월마트가 마트 시장에 진입하던 당시 매장 수는 미국 전역에 70여 개 정도였다. 이에 비해 K마트는 270여 개의 매장을 보유하고 있었다. 하지만 K마트는 소비자를 끌어들이는 방식을 새롭게 바꾼 월마트에 무너지고 만다.

K마트의 기본 전략은 매장 수를 늘리는 규모의 경제를 통해 저가격을 유지하는 것이었다. 이런 점에서 월마트는 K마트를 이길 수 없다고 판단했다. 월마트 역시 마트 시장에서의 경쟁의 핵심을 가격으로 보았다. 이것을 인지한 월마트는 전혀 새로운 전략을 가지고 나왔다. 규모의 경제가 아닌 상품 주문에서부터 재고에 이르는 전 과정의 낭비를 줄여 가격을 낮추는 전략이었다. 그리고 상품의 구매와 판매에 이르는 과정을 관리할 수 있는 마트 운영 시스템을 개발했다.

이 시스템이 완성되자 불필요한 거래 비용이 줄기 시작했다. 특히 상품 재고가 대폭 줄었다. 부수적으로 지역에 따라 팔리는 상품이 다르다는 것을 알게 됐다. 이에 따라 지역별 고객맞춤 상품 전략을 실행하는 것이 가능해졌다. 또 구매처로부터 어떤 품질의 상품을 어떤 가격으로 사 오고 있는지를 알 수 있었다. 그러자 더 저렴한 가격으로 구매할 수 있는 거래처 발굴이 가능해졌다. 마트 운영 시스템의 도입 후 월마트는 '매일 저렴한 가격' 정책을 수립했다. 이 전략이 통하면서 소비자들은 K마트가 아닌 월마트로 발길을 옮기기 시작했다. K마트도 월마트의 변화에 주목하기 시작했다. 하지만 K마트에는 이미 오래된 자신만의 비즈니스 관성이 있었다. 이것을 변화시키려 했지만 내부에서 저항했다. 이로 인해 그동안 유지하고 있던 내적 정합성마저 깨지게 되면서 결국 파산에 이르렀다.

외적·내적 정합성의 상호작용

앞의 이야기를 요약하자면 성공적 경영은 먼저 외적 정합성이 구축돼 있어야 하고 내적 정합성이 뒷받침해줘야 가능하다. 바꿔 말해 외적 정합성과 이를 뒷받침하는 내적 정합성이 모두 높아야 비즈니스 성과가 높아진다는 말이다. 정반대 상황이 벌어지면 기업은 붕괴한다. 중간도 있을 수 있다. 내적 정합성은 높은데 외적 정합성이

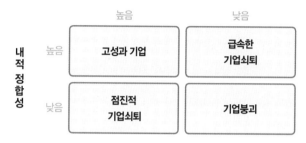

| 그림 7 | 외적 정합성과 내적 정합성

외적 정합성

	높음	낮음
내적 정합성 높음	고성과 기업	급속한 기업쇠퇴
낮음	점진적 기업쇠퇴	기업붕괴

낮은 경우 혹은 외적 정합성은 높은데 내적 정합성이 낮은 경우다. 이런 경우를 외적 정합성과 내적 정합성의 부조화라고 한다. 이런 경우가 지속되면 기업은 궁극적으로 쇠퇴하게 된다(〈그림 7〉).

외적 정합성과 내적 정합성이 모두 낮아 기업이 순식간에 붕괴한 곳이 있다. GM이다.[6] 이 회사는 파산에 이르렀다 미국 정부의 구제금융으로 되살아났다. 이 회사의 어려움은 산유국이 밀접해 있는 중동의 불안정으로 인한 두 번의 유류 파동에서 시작됐다. 이로 인해 휘발유 가격이 천정부지로 치솟았다. 더불어 미국 소비자의 자동차 선택 기준이 마력에서 연비로 바뀌면서 자동차 시장도 대형차 중심에서 소형차 중심으로 바뀌었다. 소비 패턴의 변화는 마진이 좋은 대형차 중심의 제조와 판매 전략에 주력하고 있던 GM의 외적 정합성을 붕괴시켰다.

GM은 자신들의 외적 정합성에 문제가 생기고 있음에도 문제의 본질이 어디에 있는지 알지 못했다. 대형차 판매가 급감하자 GM은 판매 인센티브로 이를 만회하려고 했다. 하지만 이미 소형차 중심으로 넘어가기 시작한 시장은 GM의 노력을 외면했다. 소형차 시장은 일본과 한국 자동차 회사들에 의해 빠르게 잠식되고 있었다. 이런 상황이 지속되자 GM은 경영 부실 상태로 빠져들었다.

외적 정합성의 문제가 드러나고 있음에도 왜 GM은 이 문제를 해결하지 못했을까? 소형차 중심 시장에 적합한 내적 정합성을 재빠르게 구축하지 못했기 때문이다. 대부분의 자동차 생산라인이 모두 대형차 중심으로 구축돼 있었고 그나마 생산라인의 일부를 소형차로 돌리려고 했지만 노조의 반발을 이기지 못했다. 대안으로 한국의 대우자동차 인수에 나섰다. 해외에서 소형차를 생산해 미국 시장에서 판매하는 전략을 세운 것이다. 하지만 여기서도 문제가 발생했다. 대우자동차의 품질이 문제를 일으켰다. 품질이 개선되지 않은 상태에서 차량 판매에 나서자 GM은 더 큰 곤경에 빠지게 됐다. 여러 문제가 꼬이면서 결국 GM은 파산에 이르게 된다. GM이 붕괴한 이유는 간단하다. 밖으로는 외적 정합성이 깨지고 있었고 안으로는 새로운 외적 정합성에 적합한 내적 정합성을 구축하지 못했다.

노키아는 우수한 내적 정합성을 가지고 있었지만 외적 정합성이 깨지면서 기업이 어려워진 경우다. 노키아는 사실 휴대전화 업계에서 세계 최고 수준의 내적 정합성을 가진 기업이었다. 외부 협력 업체와의 관계도 좋았고 내부 효율성 역시 매우 높았다. 당시 노키아보다 효율적으로 경영하는 휴대전화 기업을 찾아보기 어려울 정도다. 이것이 노키아가 휴대전화 시장을 장악할 수 있었던 원동력이다.

시장을 장악한 노키아는 자사에 가장 적합한 내부 역량을 구축했다. 무기는 표준화였다. 표준화된 연구개발 방식으로 비용이 가장 적게 드는 휴대전화를 개발했고, 표준 부품을 대량 주문하는 방식으로 저렴한 부품을 수급하는 체계도 구축할 수 있었다. 경쟁사들이 노키아의 제품을 사 분해해 원가를 조사해보면 결론은 하나였다. 노키아의 부품을 그대로 써서 휴대전화를 개발해도 도저히 노키아의 원가에 맞출 수 없다는 것이었다. 이런 강점이 빛을 발하면서 노키아의 휴대전화 세계 시장 점유율은 한때 40퍼센트를 넘겼다.

하지만 애플의 아이폰이 출시되면서 노키아에 큰 문제가 생겼다. 사실 스마트폰에서 노키아는 애플보다 앞선 기술을 보유하고 있었다. 이미 노키아는 시장에 스마트폰을 출시한 경험이 있었다. 애플이 아이폰을 출시하기 2년 전 노키아는 아이폰과 유사한 스마트폰을 출시했었다. 하지만 소비자의 눈길을 사로잡는 데 실패했고 제조 비용이 많이 든다는 이유로 사실상 프로젝트가 폐기됐다. 그러는 사이 애플이 스마트폰을 출시하면서 시장 분위기가 예상치 못한 방향으로 흘러갔다. 삼성전자도 애플의 스마트폰에 자극받아 갤럭시를 출시했다. 이후 스마트폰 시장은 애플과 삼성전자의 경쟁 구도로 재편되기 시작했다. 다급해진 노키아가 스마트폰 전략을 수정하면서 애플에 대항하려 했지만 이미 뒤늦은 선택이었다. '스마트폰=애플 또는 삼성의 갤럭시'라는 인식이 시장에 퍼졌기 때문이다.

노키아의 실수는 변화를 인식하는 능력 부족에 있었다. 이 회사는 자신들의 우수한 내적 역량을 스마트폰 생산에 충분히 활용할 수 있었음에도 불구하고 자신들의 논리로만 세상을 해석하려 했다. 휴대전화는 1,000달러가 넘으면 팔리지 않고 중저가 휴대전화가 시장을 지속적으로 장악할 것으로 생각했다. 또한 스마트폰이 단순한 전화기가 아니라 손에 넣는 컴퓨터임을 눈치 채지 못했다. 노키아는 그렇게 시장에서 사라져갔다.

노키아와 비슷한 예를 토요타에서 찾을 수 있다. 자동차 시장이 빠르게 전기자동차로 재편되면서 토요타는 외적 정합성의 문제에 직면하고 있다. 글로벌 자동차 회사들이 미래 자동차의 격전장을 전기자동차 시장으로 보고 있을 때 토요타는 이에 부정적이었다. 자신들이 생산하는 하이브리드 자동차면 충분하다고 생각하면서 전기자동차 생산을 소홀히 했다. 그런데 테슬라가 토요타의 판단이 잘못됐음을 각인시켰다. 자동차 후발 기업인 테슬라는 모든 사람의 의구심을 무색하게 만들며 전기자동차에서 글로벌 1위 기업이 됐다. 그러자 모든 시선이 전기자동차로 쏠리게 됐다.

게다가 유럽에서는 탈탄소 및 친환경 경제로의 전환을 위해 2035년부터 내연기관차의 신차 판매를 금지하는 조치를 취했다. 유럽은 기후변화로 인한 피해를 가장 많이 보고 있는 대륙 중 하나다. 이에 따라 현대와 기아자동차도 전기자동차에 사활을 걸었다. 그렇게 생산된 제품이 전기자동차 아이오닉5와 EV6다. 이 차들은 유럽과 미국에서 큰 인기를 얻고 있다. 테슬라도 현대와 기아의 전기자동차를 가장 강력한 경쟁 차종으로 보고 있을 정도다.

반면 토요타는 전기자동차 시대로의 이행에 발빠르게 움직이지 않았다. 2022년이 돼서야 bZ4X라는 첫 전기자동차를 출시했다. 하지만 일본 내에서조차도 혹평이 쏟아졌다. 주행 중 바퀴가 빠지는 등의 사고가 났고 차량에서 중대 결함이 발견됐기 때문이다. 해결이 어렵다고 생각한 토요타는 판매 차량을 모두 전액 환불하는 조치를 취했다. 토요타라는 자동차 회사는 어떤 종류의 자동차도 생산할 수 있는 내적 정합성을 갖추고 있다. 하지만 전액 환불 조치라는 초유의 사고가 벌어졌다는 것은 정성을 다해 만들지 않았기 때문이다. 자신들의 의지와 상관없이 시대의 흐름이라는 이유로 억지로 전기차를 만들다 사고를 친 것이다.

외적 정합성은 높은데 상대적으로 내적 정합성이 따라가지 못하는 경우도 있다. 성장통을 겪고 있는 기업에서 예를 찾아볼 수 있다. 성장통이란 어린아이가 자라는 과정에서 나타나는 통증을 말한다. 기업에도 비슷한 일이 벌어진다. 일반적으로 기업의 성장통은 외적 성장은 빨라지는데 내적 대처가 제대로 이뤄지지 못할 때 일어난다. 다시 말해 외적 정합성은 높지만 이를 뒷받침할 내적 정합성이 상대적으로 낮아서 생기는 현상이다.

벤처 기업에서 이런 일이 흔히 발생한다. 국내 벤처 기업 1세대 기업인 디지털 셋톱박스 제조업체 휴맥스가 성장통을 겪었다.[7] 휴맥스는 매출이 늘자 직원 수를 대폭 늘렸다. 문제는 그다음이었다. 외부의 경력 직원들이 급속히 유입되자 기존 직원들과 갈등이 발생했다. 200명이 채 안 되는 작은 규모로 일했던 기존 직원들 눈에 새로 합류한 직원들은 이방인으로 보였다. 다른 한편으로 이들은 정신적으로 나태해졌다. 회사 규모가 작을 때에는 위기의식을 가지고 열정적으로 일하던 직원들이 새로운 직원들과 섞이자 열정이 사라지기 시작했다.

휴맥스의 경험은 성장하는 기업에서 종종 일어나는 일이다. 기업규모가 갑자기 커지면 짧은 시간에 많은 사람이 외부로부터 유입될 수밖에 없다. 그러면 기존 세력과 신규 세력 간의 알력이 증가하면서 기업 내부의 협력이 깨지고 결국 내적 정합성에 문제가 생긴다. 이것이 기업에서의 성장통이다.

이런 성장통을 해소하는 가장 좋은 방법은 신입 직원을 선발해 이들이 기존 직원들과 어울리며 기업 문화에 젖어들 수 있는 시간을 충분히 주는 것이다. 하지만 신입 직원을 채용하면 교육과 훈련에 많은 비용과 시간이 든다. 그래서 기업들은 경력 직원 채용을 선호한다. 그러면서 성장통을 경험하는 것이다.

해결책은 딱 하나다. 기존 구성원들과 융화될 수 있는 회사 차원의 프로그램을 마련하는 것이다. 구성원들 간에 공식적·비공식적으로 서로 얼굴을 맞댈 프로그램을 준비해야 한다. 휴맥스에서는 구성원들이 일을 통해 어우러질 수 있는 방식을 취했다. 사내에 혁신실을 마련해 이를 활용했다. 혁신실에는 기존 직원과 외부에서 유입된 직원 중 유능한 사람들을 배치했다. 그리고 이들이 공동운명체로 움직이도록 했다. 혁신실에서 나온 아이디어는 CEO가 직접 챙기며 힘을 실어줬다. 이런 노력들이 행해지자 조직이 조금씩 변하기 시작했다.

또 다른 방법도 있다. 회사의 여건이 허락한다면 직원들이 함께 여행을 다녀올 수 있도록 시간을 마련하는 것이다. 단, 조건이 있다. 같은 부서나 잘 아는 사람들과는 함께 갈 수 없다. 가능한 한 새로 뽑은 직원들을 팀으로 묶도록 제한하는 게 좋다. 여행지에서 며

칠씩 팀원으로 지내게 되면 구성원들 사이에 인간적 신뢰가 조금씩 생겨날 수 있다. 이런 융합 방법 없이 무작정 신규 인력을 채용하면 신구인력 간의 갈등으로 내적 정합성이 쉽게 무너질 수 있다.

1. 외적 정합성이 틀어지는 순간은 고민 없이 비즈니스를 하거나, 고객 환경이 바뀌거나, 고객에 대한 전략을 잘못 수립할 때다.

2. 외적 정합성의 핵심은 고객의 즐거움은 늘리고 고통은 줄이는 것에 있다.

3. 외적 정합성을 높이는 데는 '인사이드아웃' 사고보다 '아웃사이드인' 사고가 유리하다.

4. 외적 정합성을 갖췄다면 다음으로는 내적 정합성에 주목해야 한다. 아무리 외적 정합성이 좋아도 내적 정합성이 따라주지 않으면 기업은 곤경에 처한다. 이들 간의 유기적인 상호작용이 좋아야 기업성과도 좋아진다.

제8장

기업을 망하게 하는 역순환의 함정

과도한 자기중심 집착이 화를 부른다

"역순환의 실수란

고객관계 모델에서 출발해

가치생성 모델과 비용 및 수익 모델을 구축하는 것이 아니라

순환의 흐름을 거슬러 비즈니스 모델을 구축하는 것을 말한다.

이렇게 되면 기업의 외적 정합성이 급격히 망가지며

비즈니스가 어려워진다."

_본문 중에서

역순환: 비즈니스 실패를 유발하는 치명적 실수

비즈니스가 외적 정합성과 내적 정합성을 동시에 유지하려면 기업 내부에 선순환구조가 확립돼 있어야 한다. 그런데 이것을 유지하기가 생각만큼 쉽지 않다. 역순환의 실수를 저지르는 경우가 많기 때문이다. 역순환의 실수란 고객관계 모델(외적 정합성의 핵심)에서 출발해 가치생성 모델과 비용 및 수익 모델을 구축(내적 정합성의 구축)하는 것이 아니라 순환의 흐름을 거슬러 비즈니스 모델을 구축하는 것을 말한다. 과도한 자기중심 집착으로 인해 나타나는 현상이다. 이렇게 되면 기업의 외적 정합성이 급격히 망가지며 비즈니스가 어려워진다. 네 종류의 '역순환'이 있다(〈그림 8〉).

① **가치생성 방식에 대한 집착으로 고객관계가 올바르게 구축되지 못하는 경우:** 자신의 기술이나 기존의 생산 방식에 과도한 자신감을 가져 고객을 향한 외적 정합성 구축을 무시하거나 소홀히 할 때 나타난다.

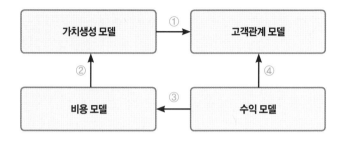

─── | 그림 8 | **비즈니스의 역순환구조** ───

② **비용에 대한 집착으로 가치생성 방식이 올바르게 구축되지 못하는 경우:** 비용에 너무 집착해 고객의 니즈를 맞출 수 있는 가치생성 방식을 구축하지 못할 때 나타난다. 해외 시장 개척 시에 자주 일어난다. 기존의 가치생성 과정을 활용하면 큰 비용을 들이지 않고 비즈니스를 할 수 있다고 오판하는 경우다.

③ **수익에 대한 집착으로 비용통제에 과도하게 집착하는 경우:** 비즈니스를 통해 돈 벌 욕심만 있을 뿐 수익이 고객을 만족시켜야 (고객관계 모델에 적합한 가치생성 모델 정립) 나온다는 것을 망각하거나 의도적으로 무시하고 비용을 줄이는 것에만 집착하는 경우다.

④ **수익에 대한 집착으로 고객관계가 올바르게 구축되지 못하는 경우:** 고객을 좋지 않은 방법이나 부정한 방법으로 호객해 돈을 버는 경우다.

가치생성 방식에 대한 집착으로
고객과의 관계가 잘못되는 경우

자신의 기술이나 자신에게 익숙하게 구축된 생산 방식을 고집하다 팔리지 않는 물건을 만듦으로써 고객의 이탈을 불러일으키는 경우이다. 앞서 소개한 노키아가 대표적인 예다.[1] 이 회사의 문제는 기존의 가치생성 방식에 대한 집착에서 비롯됐다. 세상에서 가장 저렴하고 품질 좋은 휴대전화를 만들던 노키아의 쇠락은 시장에 스마트폰 바람이 불면서 시작됐다. 하지만 노키아는 이런 변화에 꿈쩍도 하지 않았다.

노키아의 CEO 올리 페카 칼라스부오(Olli-Pekka Kallasvuo)는 오히려 경쟁자들을 걱정했다. 강력한 가격 경쟁력을 가진 노키아에 그들이 쓸모없이 대항하다 무너지리라 본 것이다. 왜 이런 완고한 생각에 빠진 것일까? 자신들이 그동안 축적한 가치생성 방식에 대한 확신이 너무 강해 집착으로 변했기 때문이다. 세상에서 가장 저렴하게 생산할 수 있는 가치생성 방식을 보유한 노키아는 이것을 쓸모없게 만드는 새로운 변화를 읽지 못했다.

미국의 베스트바이도 비슷했다. 베스트바이는 전 세계의 전자제품을 판매하는 미국 최대의 기업이다. 이 기업 역시 온라인 시장의 급부상에 제대로 대응하지 못해 급격한 어려움을 겪고 있다. 온라인 시장의 출현은 소비 행태를 바꿔놓았다. 오프라인 매장은 온라인 시장에서 물건을 사기 전 실물을 둘러보는 장소로 전락했다. 베스트바이는 이러한 시장의 변화에 재빠르게 대응하지 못했다. 기존의 매장 중심 판매 방식에 너무 익숙해져 온라인 시장의 위력을 과소평가한 탓이다. 자신들의 성공을 가져온 오프라인 중심의 비즈니스 모델이 관성으로 작용하면서 새로운 변화를 보지 못하게 만들었다. 뒤늦게 온라인 매장을 오픈했지만 이미 아마존 등 대형 온라인 업체들이 점령한 뒤였다.

비용에 대한 집착으로
가치생성 방식이 잘못되는 경우

한국에서 매우 큰 사건이 하나 있었다. '가습기 살균제 사건'이다. 가습기는 곰팡이나 세균으로 오염되기 쉬운 가전 기기다. 가습기를 많이 사용하는 사람들의 걱정을 줄여준 제품이 바로 가습기 살균제다. 이 제품은 외적 정합성이 매우 높은 제품이라고 할 수 있다. 하지만 살균제가 곰팡이나 세균만 죽이는 것이 아니라 아이들의 건강을 해치는 치명적인 독극물이 될 수도 있어 이것을 해결하는 것이 매우 중요했다. 문제는 막대한 비용이었다. 가습기 살균제를 제조하는 회사들은 비용을 줄일 목적으로 이 과정을 게을리했다. 동물 실험 등으로 치명도 검증이 이뤄져야 했지만 이 과정이 생략된 살균제가 출시됐고 많은 어린아이가 희생되는 사건이 일어났다.

수익에 대한 집착으로 비용통제를 잘못하는 경우

수익에 집착하다 잠재적 비용 증가를 눈치 채지 못하는 경우도 다반사로 일어나는 실수다. LG카드가 대표적이다.[2] LG카드 사태는 정부의 카드 사용 장려책과 관련이 있다. 1997년 한국은 달러 부족으로 갚아야 할 대외 채무를 갚지 못해 국제통화기금(IMF)으로부터 돈을 빌려야 하는 구제금융 사태를 맞게 된다. 그러자 급격히 경기가 하락하며 기업과 서민들의 삶이 이루 말할 수 없을 정도로 힘들어졌다.

국내 경기를 부양시키는 것이 시급했던 정부는 소비 증진책으로 '신용카드'를 떠올렸다. 신용카드에 의한 소비를 늘려 경기를 진작시키자는 것이었다. 정부는 카드의 현금서비스 기능과 사용액에 대한 세금 혜택을 늘렸다. 그러자 사람들은 카드 현금서비스에 미친 듯이 매달렸다. 더 많은 현금서비스를 받기 위해 여러 장의 카드를 발급받았다. 국민 1인당 카드보유 수가 평균 2매에서 4매까지 늘어났다.

카드 사용자들은 만기가 도래하면 다른 카드의 현금서비스를 이용해 돌려막기를 했다. 그 덕분에 신용카드사 매출의 60퍼센트 이상이 현금서비스에서 나왔다. 카드 소비 문화가 잘 발달한 미국의 경우에도 이 비율은 20~30퍼센트 수준에 불과하다. 카드사들은 수익을 더 올리기 위해 카드 발행에 열을 올렸다.

가장 공격적으로 나선 기업이 LG카드였다. 길거리에서 대대적인 판촉행사를 벌였고, 대학생 고객을 잡기 위해 길거리에서 카드 신청 행사를 벌였다. 이런 노력 덕분에 LG카드는 최대의 라이벌인 삼성카드를 누르며 업계 1위가 됐고, 그룹 내에서도 일약 '신데렐라'로 떠올랐다.

하지만 이들의 성공은 오래가지 못했다. 카드로 인한 신용불량자가 폭증하기 시작했기 때문이다. 벌이가 없는 대학생들이 마구잡이로 신용카드를 쓰고 현금서비스를 받았다. 신용카드 연체로 인한 빚 독촉이 거세지자 자살률이 높아지기 시작했다. 심지어 가족이 동반 자살하는 사태까지 일어났다. 뒤늦게 상황의 심각성을 인식한 정부는 2002년 신용카드 종합대책을 내놓았다. 이때부터 카드사의 성장은 급격히 하락하기 시작했다. 이 직격탄을 LG카드가 맞았다. 신용카드사 중 신용불량자가 가장 많이 집중돼 있어서였다.

당시 LG카드의 연체액은 1조 5,000억 원을 넘었다. 이로 인한 누적 적자가 1조 원을 넘겼다. 2003년 정부에서 카드사 지원 대책을 내놓았지만 LG카드는 돌이키기 어려운 상황으로 치닫고 있었다. 자구책으로 사옥 건립용 부지를 팔았고 1조 5,000억 원의 연체 채권도 자산관리공사에 매각했다. 유상증자도 실시했다. 이런 조치에도 불구하고 LG카드의 운명은 급격히 기울고 있었고 결국 매각되고 말았다.

왜 이런 일이 벌어졌을까? LG카드는 정부가 만들어놓은 카드 사용 환경을 정말 잘 활용했다. 단기적인 수익도 엄청났다. 하지만 무분별한 카드 발급에 따른 신용불량자가 늘어나고, 연체비용이 폭발적으로 늘고 있음을 무시했다. 뒤늦게 사태의 심각성을 알았지만 수습의 골든타임을 놓쳤고 결국 붕괴하고 말았다.

수익에 대한 집착으로
고객과의 관계가 잘못되는 경우

수익에 집착하다 건강한 고객관계를 구축하지 못해 비즈니스에 실패하는 경우도 있다. 금융 기업들이 주로 이런 잘못에 빠지기 쉽다. 버나드 메이도프 투자증권(BMIS; Bernard L. Madoff Investement Securities)이 그 예다.[3] 이 회사는 1960년에 버나드 메이도프(Bernard L. Madoff)가 세운 기업에 뿌리를 두고 있다. 불과 5,000달러의 자본금으로 시작한 이 회사는 1989년 미국 나스닥시장 거래의 5퍼센트를 점유하는 거대 기업으로 성장했다. 이런 성과를 기반으로 메이도프는 나스닥 거래소 위원장(1990~1993년)을 지내기도 했다.

메이도프가 기록적인 성장을 이룰 수 있었던 것은 위험 없이 큰 수익을 올릴 수 있다는 그의 주장에 고객들이 현혹됐기 때문이다. 그는 '분할 태환(split-strike conversion)' 방법을 사용하면 고수익이 가능하다고 시장을 속였다. 스탠더드앤드푸어스(S&P)100지수에 속한 우량 기업 주식을 매수하면서 동시에 이들 주식에 대한 풋옵션(팔 권리)을 사고 콜옵션(살 권리)을 팔면 수익을 안정적으로 낼 수 있다고 주장했다. 반신반의하던 사람들은 해마다 10~15퍼센트의 수익을 고객에게 돌려주자 메이도프를 믿기 시작했다. 프랑스 비엔피(BNP)파리바, 스페인 방코산탄데르, 스코틀랜드 왕립은행, 일본 노무라증권 등 유수의 금융기관들도 그의 말을 믿으며 대규모 투자를 했다.

하지만 일단의 주식 전문가들이 메이도프의 방식으로 전혀 수익을 낼 수 없음을 발견했다. 그리고 그가 금융업에서 고전적으로 사용되는 투자 사기 방식의 하나인 '폰지게임(Ponzi game)'을 사용해 사기를 친 것으로 의심하게 된다. 폰지게임은 이탈리아에서 미국으로 이민 간 찰스 폰지(Charles Ponzi)에 의해 처음 등장했다. 폰지는 1919년 국가 간 가격 차이를 이용하면 금융 사기가 가능하다는 사실을 발견했다.

당시는 국제적으로 편지를 받는 사람이 답신할 때 필요한 '국제반신권'이라는 것이 통용되고 있었다. 회원국이라면 어디서나 우표로 교환할 수 있는 쿠폰이다. 스페인에서는 미국 달러 기준 1센트에 불과했던 이 쿠폰은 미국 우체국에 가면 6센트 우표로 교환할 수 있었다. 이탈리아와 같은 일부 유럽 국가도 마찬가지였다.

폰지는 유럽 국가에서 국제반신권을 구입해 미국에서 우표로 교환하면 돈을 벌 수 있겠다고 생각했다. 그는 1919년 미국 보스턴에 증권사를 차리고 투자자들에게 45일 만에 50퍼센트, 90일 만에 100퍼센트의 수익을 보장하는 금융증서를 발행했다.

하지만 문제가 있었다. 미국 정부가 우표와 현금의 교환을 불법으로 규정하고 있어 현금 차익 거래는 불가능했다. 이런 사정을 몰랐던 투자자들은 폰지의 말만 믿고 투자했다. 그가 수익을 돌려주는 방법은 간단했다. 나중에 투자한 사람의 투자금으로 먼저 투자한 사람의 수익을 챙겨주는 방식이었다. 입소문이 나면서 투자자들이 줄을 서기 시작했다. 하지만 전문가들이 폰지의 방법에 의문을 품기 시작했다. 결국 1920년 폰지의 금융 사기가 폭로되면서 그의 사기극은 끝이 났다.

전문가들은 메이도프도 폰지게임을 활용했다고 의심했다. 하지만 그는 20년 동안 들통 나지 않고 사기 행각을 유지할 수 있었다. 수익으로 배당하는 돈보다 들어오는 돈이 훨씬 많았기 때문이었다. 2008년 금융위기가 터지자 메이도프의 사기극도 막을 내렸다. 2008년 미국발 금융위기로 시장이 붕괴되자 투자자들이 투자금을 돌려달라고 요구했다. 메이도프는 자신에게 투자한 금융사들을 찾아다니며 파격적인 이익을 보장할 테니 새 상품에 투자하라고 권유했지만 환매 요구를 막을 수 없었다.

2008년 말 메이도프가 돌려줘야 할 돈이 70억 달러에 이르렀지만 회사의 은행 잔고에는 10억 달러가 채 남아 있지 않았다. 나중에 밝혀진 바에 따르면 그는 회사에 투자된 자금을 한 푼도 제대로 투자한 적이 없었다. 또 2008년 말 기준 총 사기 피해는 650억 달러가 넘었다. 결국 그는 150년형을 선고받았다.

수익에 집착해 고객가치를 등한시하다 문제를 일으키는 사례는 다양한 모습으로 나타난다. 특히 비즈니스의 초심을 잃는 순간 이런 일이 일어난다. 초심이란 무엇일까? 간단히 말해 처음 비즈니스를 시작하면서 고객을 향해 다짐했던 마음이다. 하지만 시간이 흘러 사업이 번창하게 되면 초심이 사라진다. 고객을 돈벌이의 대상으로만 바라본다. 이렇게 되면 비즈니스는 무너지기 시작한다.

최근 한 가게에 들러 이야기를 나누다가 주인으로부터 멋진 이야기를 들었다.

"내가 만일 돈만 벌려고 했으면 이렇게 오랫동안 가게를 유지하기가 어려웠을 겁니다. 우리 가게는 동네 분들이 많이 도와주십니다. 나를 도와주는 그분들에게 저도 무언가 더 드리려는 마음으로 운영했더니 이렇게 오래 유지하게 됐네요."

이 주인은 고객과의 관계를 통해 자신이 살아가는 방법을 알고 있었다. 고객이 있고 나의 돈벌이가 있다는 선순환구조를 이해하고 있는 사람이었다. 하지만 많은 비즈니스에서 역순환의 실수를 한다. 그 결과는 비즈니스 실패로 나타날 가능성이 높다.

1. 경영이 역순환의 함정에 빠지면 비즈니스는 궁극적으로 어려워진다.

2. 역순환의 실수는 가치생성 방식에 대한 집착으로 고객관계가 올바르게 구축되지 못하는 경우, 비용에 대한 집착으로 가치생성 방식이 올바르게 구축되지 못하는 경우, 수익에 대한 집착으로 비용통제가 올바르게 이뤄지지 못하는 경우, 수익에 대한 집착으로 고객관계가 올바르게 구축되지 못하는 경우에 나타난다.

제 9 장

비즈니스 선순환 설계, 이렇게 한다

패스트패션과 창고형 할인매장 사업 예

"어떤 일을 함에 있어서 자신이 현재 추구하는 방법보다
더 좋은 방법이 항상 있을 수 있다는 열린 마음을 가져라.
그리고 더 좋은 방법을 끊임없이 찾아라."

_브라이언 트레이시, 브라이언 트레이시 인터내셔널 CEO

비즈니스 모델 조망하기

비즈니스를 설계할 때나 업그레이드할 때 가장 중요한 것은 비즈니스의 선순환구조를 염두에 두는 것이다. 이것을 진지하게 고민하지 않으면 자칫 역순환의 오류에 빠져 비즈니스를 어렵게 만들 수 있다. 비즈니스에 대한 선순환 설계를 하려면 비즈니스 모델을 조각이 아닌 전체로서 이해하고 조망하며 순환을 살필 줄 알아야 한다(〈표 6〉, 〈그림 9〉).

즉, 고객관계 모델이 외적 정합성에 부합하도록 구축돼 있는지, 그리고 여기에 기반해 가치생성 모델, 비용 모델 및 수익 모델이 구축돼 있는지를 세심하게 살피면 선순환형 비즈니스 모델을 구축할 수 있다. 이것이 외적 및 내적 정합성을 동시에 구축하는 방법이다. 이런 방식으로 비즈니스 모델을 구축하는 실제 예를 살펴보자.

표 6 │ **비즈니스 모델 조망하기**

모델	하위 모듈	설명
고객 관계	고객정의	우리의 고객은 누구인가? 누구를 고객으로 할 것인가?
	가치제안	고객은 무엇을 원하고 있는가? 우리는 고객에게 무엇을 줄 것인가?
	가치전달	어떻게 우리의 제품과 서비스를 전달할 것인가?
	고객정보탐색	고객으로부터 어떻게 정보를 얻을 것인가?
가치 생성	킬러역량	고객을 끌어들일 우리만의 역량은 무엇인가?
	프로세스	킬러역량을 구축하고 고객가치를 효과적으로 만들어내기 위한 내부 프로세스는 무엇인가?
	파트너십	누구를 파트너로 하고 어떤 협력관계를 가질 것인가?
	성찰과 기회탐색	기업의 성과 차질에 어떻게 대응할 것인가? 고객과 기술의 변화를 어떻게 감지하고 대응할 것인가?
비용	비용통제	비용은 어떻게 통제할 것인가?
수익	수익생성	어디에서 어떤 방식으로 수익을 낼 것인가?

그림 9 │ **상세 비즈니스 모델**

패스트패션 사업 비즈니스 모델 설계하기

최근 가장 활발한 비즈니스 중 하나가 패스트패션 사업이다. 패스트패션 사업의 비즈니스 모델을 설계해보자. 그 출발점은 고객이 누구이며 어떤 특징을 갖는지를 파악하는 것이다. 패스트패션에 반응하는 고객들은 일반적으로 20~30대 젊은 층이다. 이들은 다음 몇 가지 특징이 있다.

- 패션 취향이 매우 빠르다. 그만큼 패션 업계의 골칫거리인 재고를 많이 남기게 만드는 층이기도 하다.
- 주머니 사정이 넉넉하지 않다. 젊은 사람들은 고가의 옷을 구입할 만큼 지갑이 두둑하지 못하다. 가격에 매우 민감하다.
- 매우 까다롭게 품질을 따지기 때문에 가격이 싸다고 무조건 구입하지 않는다. 자신들이 원하는 수준의 품질이 아니면 구입하지 않는 특징이 있다.
- 아이쇼핑(eye shopping)을 좋아하고 입소문에 매우 빠르게 반응한다.
- 마음에 들면 반복구매를 한다.

패스트패션에 반응하는 소비자들의 다섯 가지 특징은 곧 패스트패션 비즈니스의 고객정의가 된다. 다음으로 이것을 가치제안으로 전환해야 한다. 고객들이 무엇을 원하고 있는지를 생각해보고

어떻게 제공할 것인가를 생각해보는 것이다. 다섯 가지 정보를 이
용할 경우 고객가치는 다음처럼 가상적으로 계산해볼 수 있다.

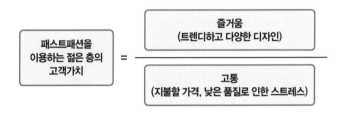

이 식을 가치제안으로 표현하면 다음과 같이 할 수 있다.

- 스피디한 패션 업데이트(빠른 디자인 업데이트와 다양한 디자인 제공)
- 비교적 저렴한 가격
- 비교적 높은 제품 품질
- 비교적 높은 유통 품질

다음으로 해야 할 일은 고객에게 가치를 어떻게 전달할 것인가를
생각하는 것이다. 가치전달의 핵심은 유통망을 어떻게 구축할 것
인가이다. 패스트패션에 민감한 고객들은 까다로운 20~30대의 고
객이다. 이들은 원하는 것이 있다면 수시로 매장에 들러 반복구매
를 하는 소비층이기도 하다. 이들은 매우 트렌디한 매장 분위기를
좋아한다. 이런 특성을 반영해 매장 관리를 하는 것이 중요하다.

고객가치 전달을 용이하게 하려면 매장 운영이나 마케팅에서 중앙집권적 통제 방식을 유지하는 것이 유리하다. 직원들도 매장에서의 판매 몰입도를 높이기 위해 정직원으로 선발하는 것이 유리하다. 매장이 회사의 얼굴이고 곧 홍보 현장이므로 고객을 접하는 직원들의 만족도가 영업에 영향을 주기 때문이다. 또 판매 직원들은 가능한 한 고객들의 선택에 영향을 주거나 간섭해서는 안 된다. 고객이 요청할 때만 이에 충실히 응대하도록 교육할 필요가 있다.

고객관계 모델에서 마지막으로 고려돼야 할 것은 어떻게 고객 정보를 얻을 것인가이다. 매장에서 필요 정보를 얻는 것이 중요하다. 이것을 위해서는 상품 구성에 대한 포트폴리오를 이해해야 한다. 대략 세 종류의 포트폴리오가 있을 수 있다. 하나는 스테디셀러다. 꾸준히 잘 팔리는 제품이 무엇인지를 알아야 한다. 두 번째는 유행을 타는 트렌디 제품이다. 계절별 또는 특별한 상황에서 팔리는 제품이다. 예를 들면 페미닌(feminine) 스타일의 옷들이다. 몸매를 드러내는 등의 여성스러운 스타일을 말한다. 여기에 더해 테스트용 제품이 있어야 한다. 이들 중 어떤 제품은 유행 제품으로, 어떤 것들은 스테디셀러로 진화하게 된다. 고객의 반응을 전혀 얻지 못하는 것들도 있다. 이런 것들은 매장에서 빨리 철수시켜야 한다.

모든 매장이 동일한 소비 패턴을 갖는 것은 아니다. 지역에 따라 다른 패턴이 나타날 수 있다. 이런 정보를 얻기 위해서는 매장의 제품별 매출에 대한 정보를 실시간으로 점검할 수 있는 정보시스템이 구축돼 있어야 한다. 매장에 제품을 내놓기 전인 디자인 단계에서의 정보탐색도 필수적이다. 디자인 당시의 트렌드를 면밀히 관찰하는 것이 중요하다. 특히 길거리를 다니는 젊은이들이 어떤 옷을 입고 있는지, 어떤 패션에 관심을 가지고 있는지, 그리고 이들의 패션에 영향을 주는 사람들은 누구인지 등을 읽어야 한다.

고객관계 모델을 설계하고 나면 다음으로 가치생성 모델을 구축해야 한다. 킬러역량은 무엇으로 할지, 프로세스는 어떻게 설계할지, 누구와 협력할지 그리고 성찰과 기회탐색은 어떻게 할지를 결정해야 한다(가치생성 모델 점검하기). 패스트패션에서의 첫 번째 킬러역량은 젊은 고객들의 눈길을 끄는 디자인 역량이다. 트렌드에 민감한 디자이너들을 확보해야 하며 필요에 따라서는 유명 디자이너와 컬래버레이션하는 방법도 있다. 젊은 소비자들은 놀랍도록 이런 정보에 민감하다. 이들에게 영향을 미치는 디자이너와의 협업은 패스트패션을 유지하는 생명선이 될 수 있다.

다음으로는 '스피디한 패션 업데이트' 능력이다. 패션 취향이 매우 빠르게 변하는 젊은 층에게 다가가려면 매장은 항상 새로운 제품으로 가득 차 있어야 한다. 그래야 호기심 가득한 젊은이들을 매장으로 불러들일 수 있다. 그래서 새로운 디자인 출시 주기를 짧게 유지하는 프로세스 설계가 필요하다. 패스트패션에서는 기존의 계절별 디자인 기획보다 훨씬 빠른 기획이 필요하다. 호주의 패스트패션 업체인 '밸리걸(Valleygirl)'은 4주를 한 시즌으로 삼아 디자인 기획을 한다. 1년으로 확장하면 13번의 시즌이 있는 셈이다.

빠른 공급망 관리(SCM; Supply Chain Management)도 뒷받침돼야 한다. 패스트패션은 새로운 디자인을 빠르게 내놓았다고 끝나는 것이 아니다. 디자인→생산→공급이 맞물려 빠르게 돌아가야 한다. 특히 매장에 신제품을 빠르게 전달하는 공급망 관리가 생명이다.

파트너십을 어떻게 구축할지도 고민해야 한다. 자체 공장을 운영할지 아니면 협력 업체를 활용할지 결정해야 한다. 여기에 영향을 미치는 요인은 품질이 뒷받침되는 가격이다. 패스트패션은 가장 까다로운 고객을 상대로 하는 비즈니스이기 때문에 특히 품질에 주의를 기울여야 한다. 바느질 하나하나에 꼼꼼한 정성을 기울여야 하고, 가격도 적정해야 한다. 젊은 사람들을 고객으로 설정했다면 결코 높은 가격을 매길 수 없다. 이러한 조건을 모두 맞출 수 있는 협력 업체를 확보하는 것이 관건이다. 이들을 구할 수 있다면 협력 업체를 활용한 패스트패션 비즈니스가 가능하다. 그렇지 못하면 자체 생산 공장을 운영해야 한다.

패스트패션의 가치생성 모델에서 특히 중요한 것은 성찰과 기회 탐색이다. 성찰은 고객의 피드백에 즉각적으로 반응하는 것이고 기회는 새로운 소비 패턴을 이해하는 것이다. 다음의 요소들이 고려돼야 한다.

- 패션의 캐주얼화: 옷이나 액세서리 등을 편안한 마음으로 입고 착용할 수 있어야 하며 또 가벼운 마음으로 처분할 수 있어야 한다. 여기에 세탁도 편리하게 할 수 있으면 더 좋다.
- 다운에이징(down aging): 젊게 보이기 위한 추세에 주목해야 한다. 가능한 한 의류나 액세서리 등을 입거나 착용할 때 젊게 보이도록 할 필요가 있다.
- 다양한 소재: 소재의 다양성을 확보해야 한다. 기능성 신소재나 천연소재 확보에 신경을 써야 한다. 다양한 소재는 마케팅 포인트로도 활용될 수 있다.
- 장식의 활용: 의류의 경우 다양한 형태의 장식을 부착할 수 있도록 해 옷의 표정을 바꿀 수 있도록 해야 한다.

소비자가 까다로울수록 비즈니스에 소요되는 비용이 커진다. 또 디자인 주기가 짧고 다양한 디자인으로 승부해야 하므로 비용이 커질 소지가 크다. 이를 어떻게 통제할 것인지도 패스트패션 비즈니스에서 매우 중요하다. 그래서 매우 잘 설계된 비용 모델이 필요하다(비용 모델 점검하기).

패션업에서 가장 큰 비용이 들어가는 영역은 마케팅이다. 마케팅 비용이 커질수록 옷값도 비싸진다. 마케팅 비용을 줄이기 위해서는 미디어 광고를 최소화하는 방법을 생각해봐야 한다. 대신 매장을 광고와 마케팅이 이뤄지는 장소로 활용해 구매자들의 입소문이 퍼지도록 유도해야 한다. 다양한 디자인의 옷이 짧은 주기로 쏟아져 나오면 호기심 많은 젊은이들은 매장을 둘러보는 것 자체를 즐긴다. 소비자의 관심을 이용하면 훌륭한 마케팅 수단이 될 수 있다.

재고를 최소화하는 것도 매우 중요하다. 의류 업계의 경우 신상품 출시 후 판매량은 생산량의 30퍼센트에 불과하다. 나머지는 재고다. 앞서 소개한 것처럼 스테디셀러 디자인, 트렌디 디자인, 테스트 디자인을 섞어서 판매하는 포트폴리오의 구성을 활용하면 재고량을 줄일 수 있다. 테스트 디자인의 경우 일단 적은 양으로 시작해 시장 점검 후 생산량을 늘리는 전략을 쓴다. 스테디셀러 및 트렌디 디자인 중 팔리지 않는 것은 리스트에서 바로 제외시킨다. 기업의 정보 분석과 데이터 분석 역량이 동원된 성찰 프로세스가 원활하고 탁월해야 가능하다.

다음으로는 어떻게 수익을 낼 것인지를 고민해야 한다(수익 모델 점검하기). 여기서는 패션 비즈니스의 수익을 본원수익, 즉 원가에 일정한 이윤을 붙여 얻는 수익으로 한정한다. 그렇다고 파생수익과 같은 다른 수익창출 방법을 배제할 필요는 없다. 단, 젊은 층의 주머니 사정을 고려해 한 벌당 가격을 높게 책정할 수 없다는 점이 고려돼야 한다. 가격 제한이 있는 상태에서 수익을 내려면 박리다매가 효과적이다. 여기서 중요한 것은 회전 속도다. 그리 비싸지 않은 가격에 많은 사람에게 팔되 이들이 빈번하게 방문하도록 하는 것이다. '박리다매에 의한 대규모 소비×높은 회전력=대규모 할증소비'를 유도하는 것이다(〈그림 10〉).

패스트패션 비즈니스가 성공하려면 비즈니스 모델의 열 개 블록이 완벽하게 구축돼 상호조화를 이뤄야 한다. 처음 패스트패션에 진출하고자 하는 기업이 있다면 각 블록을 상세하게 도출해야 한다. 만일 진행 중인 패스트패션 비즈니스가 있다면 비즈니스 모델의 각 요소들과 현재의 상태를 대비해봐야 한다. 고객에 대한 정의는 제대로 됐는지, 젊은 고객들에게 전달할 가치를 완벽하게 제공할 수 있는 가치생성 시스템은 갖추고 있는지, 비용구조는 적절한

| 그림 10 | **패스트패션 사업의 비즈니스 모델**

성찰과 기회 탐색: 고객 관찰과 분석

프로세스: 빠른 디자인과 물류 체계

파트너십: 가성비 파트너십

킬러 역량: 짧은 디자인 기획 주기

고객 정보 탐색: 매장/비매장 정보

가치제안: 비교적 저렴한 트렌디 제품

가치전달: 매력 있는 매장서비스

고객 정의: 20~30대의 젊은 계층

비용구조: 마케팅 비용 최소화, 재고 최소화, 생산비용 최소화

수익구조: 고객의 빈번한 방문을 통한 박리다매

지, 수익은 낼 수 있는지를 살펴보면서 문제를 찾아야 한다. 이런 과정을 통해 얻어진 차이와 문제를 해결하려는 노력을 통해 비즈니스를 새롭게 할 수 있다.

코스트코의 비즈니스 모델

이번에는 성공적인 비즈니스를 하고 있는 기업의 비즈니스 모델을 분석해보고자 한다. 코스트코가 대상 기업이다. 이 기업의 비즈니스 모델은 독특하다. 수익 모델의 경우 본원수익보다 파생수익에서 수익을 창출하고 있다. 이런 비즈니스 모델은 어떻게 설계되고 구현되는가? 결론적으로 말하면 본원수익을 발생시키는 비즈니스 모델이 파생수익으로 이어질 수 있도록 연계 비즈니스 모델을 설계하는 것이 핵심이다.

코스트코는 비즈니스 모델의 선순환구조를 잘 유지하고 있다. 회원수익을 많이 내기 위해 무언가를 하는 것이 아니라 고객이 자발적으로 회비를 낼 수 있도록 유도하는 시스템이 잘 구축되어 있다. 코스트코의 비즈니스 모델을 알기 위해서는 이곳의 타깃 고객을 알아야 한다. 이곳은 다른 할인마트나 슈퍼마켓과 달리 가족 단위의 고객을 타깃으로 한다. 판매하는 상품 단위가 크기 때문이다.

또한 중산층이 핵심 고객층이다. 종합하면 가족을 동반한 중산층이 코스트코가 타깃으로 삼는 고객이다.

이들을 대상으로 코스트코는 어떤 고객가치를 제안하고 있을까? 코스트코 홈페이지에서 다음과 같은 글귀를 발견할 수 있다. "코스트코의 사명은 회원들에게 양질의 제품과 서비스를 가능한 최저 가격에 지속적으로 공급하는 것입니다(The mission of COSTCO is to continually provide members with quality goods and services at the lowest possible prices)." 이 글귀를 통해 코스트가 지향하는 고객가치를 발견할 수 있다. 고객에게 양질의 제품과 서비스를 제공해 고객의 즐거움을 극대화하되 가격은 최저로 제공해 고객의 고통을 줄여준다는 것이다.

이를 위해 코스트코는 어떤 판매 정책을 사용하고 있을까? 가장 중요한 것은 높은 품질 수준의 상품만을 제공하는 전략이다. 이곳에서 판매하는 상품은 업계에서 1~2위의 기업에서 생산되는 것들이다. 이들 제품을 저렴하게 공급해줄 것을 요청하는 대신 묶음 형태로 대량 판매할 수 있게 해 손해를 보전해주는 정책을 사용하고 있다. 그러다 보니 코스트코의 상품은 믿고 산다는 고객들이 많다.

코스트코를 찾는 고객들이 매우 만족해하는 것이 또 있다. 특정 국가에서는 찾기 힘든 다른 나라 제품들을 가성비 높은 가격으로 살 수 있다는 점이다. 예를 들어 한국의 다른 할인마트나 슈퍼마켓에서는 볼 수 없는 다양한 해외 상품들을 구매할 수 있다. 다른 나라의 코스트코 매장에 가면 인기 있는 한국산 상품들을 살 수 있다. 이런 점들이 가족 단위의 고객들을 끌어들이며 즐거움을 주는 힘으로 작용하고 있다.

또 다른 즐거움으로는 물건 사는 재미를 주는 것이다. 코스트코의 경우 매번 동일한 상품이 아닌 대체 상품이 들어오는 경우가 많다. 큰 카테고리 내에서는 해당 상품이 있지만 특정 브랜드가 지속적으로 들어오지 않는 경우도 있다. 이런 경우 동일 품질과 가격을 유지하는 다른 브랜드 제품이 입고된다. 이것이 고객들에게 불편을 주기도 하지만 다른 한편에서는 보물찾기와 같은 즐거움을 주기도 한다. 코스트코는 이런 특성을 이용하기 위해 매장 내 상품 위치에 대한 자세한 안내를 하지 않는다. 소비자로 하여금 보물 찾듯 돌아다녀보라는 것이다. 그러다 해당 또는 대체 상품을 찾을 수 있고 전혀 예상치 못한 좋은 상품을 찾을 수도 있다.

가족에게 특화된 즐거움을 주기도 한다. 코스트코는 특별한 날을 위한 상품 구성에 매우 민감하다. 크리스마스가 다가오면 크리스마스 상품들이 진열대에 가득 찬다. 다른 마트들도 비슷하긴 하지만 코스트코는 더 많은 신경을 쓴다. 또한 코스트코 매장에 가면 한쪽에 핫도그나 피자 등의 음식을 먹을 수 있는 장소가 있다. 그런데 가격이 파격적이다. 큰 쟁반 크기의 피자가 시중의 3분의 2

가격에 판매된다. 음료수로 콜라나 사이다를 주문한 경우 무한 리필이다. 그러다 보니 이 장소는 항상 가족 고객들로 붐빈다.

코스트코는 가격으로 인한 고객의 고통을 최소화하기 위해 애를 쓴다. 코스트코의 상품 가격은 인터넷 몰과 비교해 절대 비싸지 않다. 오히려 싼 경우도 많다. 이것이 가능한 이유는 상품당 마진율이 15퍼센트를 넘지 않도록 관리하고 있기 때문이다. 코스트코 창업 이후 한결같이 유지되고 있다. 일반 마트의 20~30퍼센트, 백화점의 30~40퍼센트 마진율에 비해 훨씬 낮은 수준을 유지하고 있다. 일반적으로 인터넷 몰의 마진율이 15퍼센트다. 이러한 마진율 정책 덕분에 전 세계적으로 코로나19 팬데믹 사태가 벌어졌음에도 매장에 고객이 줄지 않는 저력을 보여줬다. 다른 마트나 백화점 등은 소비자들을 모두 인터넷 몰에 빼앗기는 수모를 당했다.

코스트코의 정책 중 다른 곳이 따라 하기 쉽지 않은 것이 또 있다. 상품 구매 후 환불을 요청하면 아무 소리 하지 않고 돈을 내주는 것이다. 가전제품도 예외가 아니다. 90일 이내라면 고객이 냉장고를 구매해 사용했어도 환불해준다. 이런 놀라운 환불 정책은 고객들이 코스트코를 신뢰하는 절대적 요소 중의 하나다.

코스트코가 고객가치를 전달하는 방식은 간단하다. 창고형 할인 마트라는 개념에서 알 수 있듯이 창고에서 상품 거래가 일어난다. 단순하게 생각해보면 창고는 매우 무책임한 유통구조다. 소비자를 위한 쾌적한 시설 투자가 없기 때문이다. 하지만 이러한 구조에 대해 코스트코는 소비자에게 이해를 구한다. 많은 묶음상품을 저렴한 가격으로 판매하니 이 정도의 불편을 감수해달라는 것이다. 소비자들 역시 이런 매장 환경에 대해 별로 신경 쓰지 않는다. 자신들이 만족해하는 상품을 구입할 수 있다는 믿음이 있기 때문이다.

코스트코가 고객에 대한 정보를 얻는 방법은 기본적으로 개별 상품에 대한 판매 기록이다. 판매 기록을 살펴봄으로써 기본적으로 고객이 좋아하는 것이 무엇인지를 파악하고 있다. 이런 이유로 동일 국가 내라고 해도 매출 특성을 반영해 코스트코 지역별 매장의 상품 구성은 조금씩 다르다.

어떤 상품이 더 많이 팔릴지를 예측하기 위한 정보탐색에도 코스트코는 민감하다. 가장 자주 쓰는 방법이 전 세계 코스트코 상품 구매 담당자들을 한자리에 모으는 것이다. 그곳에서 담당자들은 자신들이 근무하는 코스트코에서 팔리는 상품 정보를 교환한다. 이 정보를 통해 다른 나라에서도 팔릴 가능성이 높다고 생각되는 상품이 있다면 해당 국가의 상품 구매 담당자가 재량으로 입고시킨다. 그렇다고 처음부터 대량 구매를 하는 것은 아니다. 일단 테스트용으로 소량을 구매한 뒤 판매 추이를 보아 추가 구매를 한다.

고객에게 제안하는 가치를 코스트코는 어떻게 만들어낼까? 코스트코의 킬러역량은 업계 1위와 2위 상품을 엄선해 저렴한 가격으로 제공하는 것이다. 코스트코에 상품을 공급하려면 자신들이 업계 최상위 등급에 속하는 기업임을 증명해야 한다. 여기에 최저 가격도 보장해야 한다. 이것만 보면 코스트코는 악덕 기업이다. 하지만 코스트코는 대량 묶음 판매를 제안한다. 비록 낮은 가격으로 공급하지만 묶음 판매로 한꺼번에 많이 팔 수 있도록 해준다.

코스트코의 가치생성 프로세스는 제조업처럼 복잡하지 않다. 창고와 물류 흐름을 통제할 수 있으면 된다. 창고형 매장은 주로 도시 외곽에 위치한다. 저렴한 토지 확보 비용도 이유지만, 가족들이 나들이를 나서듯 매장을 찾아올 수 있도록 충분한 주차장을 확보하기 위해서다.

코스트코 가치생성 프로세스의 핵심은 단순성에 있다. 코스트코는 다른 할인마트나 슈퍼마켓에 비해 훨씬 적은 수의 매장을 운영하고 있다. 글로벌 슈퍼마켓 체인이 일반적으로 3만여 개의 매장을 두는 반면, 코스트코는 핵심 12개 국가에 800여 개의 매장만을 두고 있다. 이것의 장점은 공급망을 단순하게 해준다는 점이다.

프로세스의 단순성은 매장 내 상품수(SKU; Stock Keeping Unit)만 살펴봐도 알 수 있다. 진열대에 진열된 상품 가짓수가 다른 곳에 비해 현저히 적다. 월마트의 SKU가 10만~15만 개인 것에 비해 코스트코는 4,000여 개에 불과하다. 국내 대형마트들도 3만~4만 개의 SKU를 운용하고 있음에 비하면 매우 적은 수다. 상품 카테고리

별로 검증된 품목 두세 개만을 판매하기 때문이다. 이러다 보니 진열대 관리가 매우 수월하다.

코스트코는 매장 관리를 더욱 수월하게 하기 위해 모든 처리를 팔레트 단위로 하고 있다. 팔레트는 상품 입고 시 상태를 말한다. 이렇게 들어온 팔레트를 매장에 지게차로 올려놓으면 끝이다. 매장 관리가 쉬워지자 코스트코는 매장 관리 직원을 최소화할 수 있었다. 그렇다고 인건비가 낮지 않다. 업계 최고 수준으로 주되 정직원으로 채용한다.

코스트코는 자신들이 지향하는 가치를 위해 파트너 관리를 엄격히 하고 있다. 입점을 위해서는 매우 까다로운 심사가 기다리고 있다. 다른 업체에 납품한 경험이 있는지, 상품의 독특성은 있는지, 주문을 받은 후 24시간 내 배송할 수 있는지, 코스트코가 원하는 가격이나 조건을 맞출 수 있는지, 납품하려는 제품이 시장경쟁력이 있는지, 코스트코의 대량 주문에 대응할 수 있는지, 코스트코에 납품되는 상품이 총매출의 25퍼센트를 넘지는 않는지 등에 대한 까다로운 심사를 받아야 한다. 그럼에도 많은 기업이 코스트코와 거래하기를 희망하고 있다. 이유는 이곳과 거래가 성사되면 다른 마트나 매장에 쉽게 입점할 수 있어서다.

코스트코의 성찰과 기회탐색은 고객관계 모델에서의 고객정보 탐색과 긴밀한 관계를 가지고 있다. 먼저 이들은 매장에서 소량으로 도입된 테스트 상품을 면밀히 분석한다. 추가 매출 가능성이 높다고 판단돼야 대량 주문을 한다. 대량 주문 이후에도 판매 추이를 살펴 기대에 미치지 못하면 철수시킨다. 다른 방법으로는 상품구매 담당자들의 회의를 통해 추천된 상품들에 주목하는 것이다. 다른 나라 구매 담당자와의 긴밀한 정보교환을 통해 판매 가능성이 높은 제품을 선정하고 이를 테스트해보는 방법을 사용한다.

코스트코의 비즈니스 모델 중 주목해야 할 것이 비용 모델이다. 이 회사는 매우 저렴한 비용으로 운영하기 위한 노력을 하고 있다. 가장 눈에 띄는 것은 매장의 위치다. 당연히 도시의 외곽에 자리 잡고 있다. 부동산 투자비용을 최소화하기 위해서다. 이런 기본적인 전략 이외에도 다양한 비용 줄이기 방법을 사용한다. 이 회사는 광고를 하지 않는다. 미국의 월마트는 매출액의 0.5퍼센트 정도를 광고비로 쓰고 있다. 비용으로 환산하면 연간 24억 달러에 해당한다. 하지만 코스트코는 광고비로 1원 한 푼 쓰지 않는다. 우수 고객에게 할인 쿠폰을 보내는 것이 전부다. 고객의 입소문이 회사를 키운다는 생각에서다.

이 회사에서는 여느 유통 업체들이 활용하는 특별 할인 행사도 실시하지 않는다. 연초가 되든 연말이 되든 상관없이 평소 가격으로 판매한다. 이런 행사를 하면 할인 행사가 있을 때만 사람들이 몰려 고객과 장기적 관계를 맺기 어렵다고 생각하기 때문이다. 특별 할인 행사가 없으니 행사에 많은 종업원을 동원할 필요도 없다. 할인 행사를 하려면 가격표도 바꾸고 매장 배열도 변경해야 하는 등 해야 할 일이 늘어난다. 코스트코에서는 특별 행사가 없으니 매장 관리에 동원될 종업원을 늘릴 필요가 없다.

협력 업체에 대한 협상력을 높이는 전략도 비용을 줄이는 데 큰 도움을 준다. 코스트코는 협력 업체에 대량으로 판매할 수 있는 기회를 제공한다. 이는 코스트코의 큰 협상력으로 작용해 최저 가격의 납품을 가능케 한다. 또한 코스트코는 결제에 사용되는 신용카드에 대해 1국 1카드 정책을 쓰고 있다. 한 카드 회사에 거래를 몰아주는 대신 카드수수료를 최소화하기 위해서다.

매대에 최소한의 카테고리 상품을 올리는 SKU 전략도 비용을 줄이는 주요 방법이다. SKU가 적으면 매장 내 관리 포인트가 줄어 비용이 크게 줄어든다. 또한 매장 관리 방식이 단순해져 관리 인력도 최소화된다. 코스트코의 비용 줄이기 전략 중 특이한 것 하나가 재고 줄이기다. 유통업을 하다 보면 반품과 이월 재고 상품은 반드시 발생한다. 코스트코는 2차 판매업자들에게 이들을 처분해 재고를 줄이는 전략을 쓰고 있다. 상품의 상태에 따라 처분 가격은 다르나 정상 가격의 20~80퍼센트까지 할인해 매각하고 있다. 다만 코스트코의 이미지를 유지하기 위해 이런 거래는 매우 은밀히 이뤄져 웬만한 고객들은 알기 어렵다.

| 그림 11 | **코스트코의 비즈니스 모델**

앞에서 코스트코의 수익구조에 대해 언급한 적이 있다. 이 회사의 주 수익원은 상품을 팔아 얻는 본원수익이 아니다. 이것을 통해서는 약간의 이익만을 얻고 있다. 핵심 수익원은 회비에 의한 파생수익이다. 코스트코의 회원은 전 세계적으로 1억 명에 이른다.[1] 연회비가 이 기업의 주 수익원이다. 코스트코는 자신들에 대한 고객의 신뢰가 회원을 늘리고 유지하는 최상의 방법이라고 생각한다. 실제로 코스트코의 회원 재가입률은 90퍼센트가 넘는다. 〈그림 11〉이 지금까지 살펴본 코스트코의 비즈니스 모델을 보여준다.

1. 비즈니스 모델의 네 영역과 하위 모델에 대한 조망을 통해 외적 정합성과 내적 정합성이 선순환을 이루고 있는지 면밀히 파악할 필요가 있다.

2. 고객관계 모델의 하위 모듈은 고객정의, 가치제안, 가치전달, 고객정보 탐색으로 이뤄진다. 가치생성 모델의 하위 모듈은 킬러역량 설계, 프로세스 설계, 파트너십 설계, 성찰과 기회탐색 설계로 이뤄진다. 비용 모델의 하위 모듈은 비용구조 하나로 구성된다. 수익 모델의 경우도 수익구조 하나의 하위 모듈로 구성된다.

제4부

새로운 비즈니스,
어떻게
찾을 것인가?

제 10 장

새로운
비즈니스 단서,
어디서 얻는가?

비즈니스의 네 가지 모델에 답이 있다

"새로운 것을 보는 것만 중요한 게 아니다.
모든 것을 새로운 눈으로 보는 것이 정말 중요하다."

_프란체스코 알베로니, 이탈리아 이울름대학교 총장

새로운 비즈니스는 어떻게 찾을 수 있는가? 비즈니스의 네 가지 모델인 고객관계, 가치생성, 비용 및 수익 모델을 활용하면 단서를 찾을 수 있다. 고객관계 모델을 이용해 단서를 찾는 방법은 소비자나 고객의 생각과 행동을 중심에 놓고 이들이 무엇을 필요로 하는지를 집중적으로 살피는 것이다. 가치생성 모델을 활용할 경우는 회사의 기존 기술이나 프로세스 또는 역량이나 파트너십을 어떻게 활용할 것인가에 집중해야 한다. 비용 모델을 중심으로도 비즈니스를 찾을 수 있다. 기존보다 저렴한 방식으로 제품이나 서비스를 생산·제공할 수 있는 방법을 찾아낼 수 있다면 새로운 비즈니스를 열 수 있다. 수익 모델을 이용하는 방법도 있다. 시장에서 성장률이 매우 좋거나 돈벌이가 좋다고 소문난 비즈니스에 도전하는 것이다(〈그림 12〉).

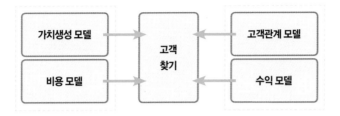

그림 12 │ 새로운 비즈니스 창출 방식

가치생성 모델

비용 모델

고객 찾기

고객관계 모델

수익 모델

고객관계 모델에서 단서 찾기

비즈니스 단서를 발견하는 첫 번째 방법은 고객의 숨어 있는 니즈를 찾아내는 일이다. 고객의 니즈를 찾을 때는 요령이 있다. 제3장에서 살펴본 고객가치 정의를 활용하는 것이다. 고객가치는 즐거움을 고통으로 나눈 것이라고 했다. 이 식에 사람들의 니즈가 숨어 있다. 사람들의 니즈는 생각보다 단순하다. 즐거움은 택하고 고통은 피하려 하는 것이 바로 니즈다.

고객의 즐거움을 알 수 있다면 새로운 비즈니스를 찾을 수 있다.[1] 빙그레의 바나나맛 우유가 좋은 예다. 이 우유는 가공우유 시장에서는 누구도 넘볼 수 없는 1등 브랜드다. 바나나맛 우유는 1970년대 정부의 우유 소비 장려책을 통해 탄생했다. 한국인은 흰 우유를 잘 소화시키지 못하는 약점이 있다. 그러다 보니 우유 소비가 늘지 않았다. 그래서 초코맛과 딸기맛 우유가 개발됐다. 하지만 시장은 별 반응을 보이지 않았다.

그러던 차에 빙그레 내부에서 바나나 우유를 만들자는 아이디어가 나왔다. 당시만 해도 바나나는 우리 국민들이 가장 먹고 싶어 하는 비싸고 귀한 수입 과일이었다. 우유 용기는 항아리 모양으로 만들어 넉넉함을 강조했다. 푸짐한 것을 좋아하는 한국인의 특성을 담았다. 이렇게 출시된 바나나맛 우유는 시장에 나오자마자 큰 인기를 끌었다. 한국인이 즐거워하는 요소를 찾아냈기에 성공할 수 있었다.

삼양라면이 출시한 쇠고기라면도 비슷한 경우다. 삼양라면은 1963년 한국 최초의 라면을 출시했는데 이때는 일본에서 유행하던 닭고기 국물맛 스프를 사용했다. 그러다 1970년에 나온 제품이 쇠고기라면이었다. 이 라면으로 삼양라면은 라면 업계에서 독보적 위치를 점하게 된다. 이유는 '소고기'에 있었다. 당시 소고기는 한국인들에게 최상의 음식이었다. "소고기를 먹는 날은 생일날"이라는 우스갯소리가 있을 정도였다. 바로 이런 즐거움을 반영한 제품이 쇠고기라면이었다.

불닭볶음면도 유사하다. 이 라면은 삼양식품의 김정수 부회장이 명동을 방문해 우연히 본 풍경에서 힌트를 얻어 탄생된 제품이다. 젊은 친구들이 땀을 뻘뻘 흘리면서도 매운 음식을 먹으면 스트레스가 풀린다고 즐겁게 웃는 모습을 보고 라면에 적용한 것이다. 김 부회장은 제품 개발을 위해 전국 유명 매운맛 맛집 음식점을 찾아다니며 한국인이 가장 선호하는 매운맛을 알아내려고 했다. 전국 유명 불닭이나 불곱창 맛집을 안 다녀본 곳이 없다. 1년여의 노력 끝에 불닭볶음면이 탄생했다. 출시 초기에는 매출액이 월 7억~8억 원 수준이었다. 하지만 중독성 강한 매운맛과 스트레스 해소용으로 소문이 나며 출시 3개월 만에 월 매출이 두 배로 증가했다. 유튜브에서도 불닭볶음면은 한 번쯤 도전할 만한 한국 음식으로 소문이 나면서 해외에서 매출이 폭발적으로 오르기 시작했다. 삼양식품 해외 매출 중 80퍼센트 이상을 불닭볶음면이 담당하고 있다.[2]

비즈니스의 많은 부분은 고객 또는 사회의 고통을 줄여주는 것에서 시작하기도 한다. 나사 하나로 세계를 제패한 기업이 있다.[3] 한국의 KTX, 일본의 신칸센, 독일과 중국의 고속철도, 그리고 초고층 건물에 반드시 들어가야 할 볼트와 너트를 만드는 곳이다. 창립 이후 단 한 해도 적자를 내본 적 없는 곳으로, 세계의 주목을 받고 있는 기업이다. 일본의 100대 중소기업에도 속하는 이 회사의 이름은 하드록(Hardlock)공업이다. 사명도 절대 풀리지 않는 볼트와 너트를 만드는 곳이라는 의미로 지었다.

이 회사가 만들어진 계기가 있었다. 어느 날 설립자 와카바야시 가쓰히코(若林克彦)는 영국의 대형 참사를 신문에서 보게 된다.

2002년 영국의 한 역으로 들어오던 열차가 선로를 이탈하면서 승강장에 충돌했다. 7명이 숨지고 80명이 다치는 참사가 일어났다. 원인은 풀린 볼트와 너트였다. 이로 인해 영국 사회는 충격에 빠졌다. 와카바야시는 이것이 비즈니스의 기회임을 직감적으로 깨달았다. 이를 계기로 절대로 풀리지 않는 볼트와 너트를 개발하게 됐다. 볼트와 너트는 세계에서 가장 많이 소비되는 부품이다. 보잉 747 한 대에만 600만 개가 넘는 볼트와 너트가 들어간다. 이런 시장을 그는 확보할 수 있게 됐다.

인터넷 쇼핑몰 비즈니스를 하려는 사람들을 돕는 쇼피파이(shopify)라는 회사가 있다. 온라인 쇼핑몰과 관련한 종합 솔루션 제공 기업이다. 이미 시장에는 온라인몰의 홈페이지를 구축해주거나 결제를 도와주는 기업들이 많이 있었다. 하지만 개인 사업자들은 온라인몰 개설을 위해 일일이 이들을 찾아다니며 필요 기능들을 조합해야 하는 어려움을 겪고 있었다. 여기에 착안해 쇼피파이는 온라인몰에 필요한 기본 기능은 물론이고 상품등록, 주문, 결제, 배송 등에 이르는 모든 기능을 종합적으로 지원하는 비즈니스를 시작했고 큰 성공을 거뒀다.

이러한 지원의 핵심은 쇼피파이가 개발한 솔루션 플랫폼이다. 여기에는 누구든지 판매자를 지원하는 솔루션 앱을 올릴 수 있다. 예를 들어 쇼군(Shogun)이라는 앱은 클릭 몇 번으로 온라인몰 웹

사이트 페이지를 쉽게 구축할 수 있도록 도와준다. 카타나(Katana)는 온라인몰 사업자에게 ERP를 지원하는 앱으로 소규모 인터넷 사업자가 자재 구매, 재고 관리, 비용 추적 등 경영 전반을 스프레드시트로 관리할 수 있게 해준다. 또 엑센트럴(Xentral)은 주문 처리, 창고 관리, 포장, 회계 등의 서비스를 제공하는 앱이다. 홀디드(Holded)는 소규모 온라인몰을 한 곳에서 관리할 수 있도록 클라우드에 기반한 소프트웨어를 지원한다.[4]

싱가포르의 이글루홈(Igloohome)도 고객의 고통에 반응해 창업한 기업이다. 이 회사는 디지털 자물쇠인 도어록 비즈니스를 한다. 한국에서는 대부분의 집이나 사무실 등에서 디지털 도어록을 사용하고 있지만 다른 나라의 사정은 그렇지 못하다. 대부분 열쇠를 사용한다. 이 회사는 한국의 디지털 도어록 아이디어를 활용하되 스마트폰과 연동하는 아이디어를 냈다.

스마트 도어록의 필요성은 에어비앤비와 같은 공유 경제 비즈니스가 탄생하면서 더욱 필요해졌다. 이글루의 스마트 도어록을 사용하는 집주인들은 사용 기간을 설정하고서 그동안만 실행되는 암호를 문자나 메일로 숙박자에게 전달한다. 사용 기간이 끝나면 암호는 폐기된다. 이러한 스마트 도어록 서비스는 집을 사고팔아야 하는 집주인 입장에서도 필요했다. 주인이 없는 집에 부동산 중개인이 방문할 때 암호를 스마트폰으로 전송하기만 하면 된다.

기업에서도 스마트 도어록에 대한 필요가 증가했다. 싱가폴텔레콤은 널리 퍼져 있는 통신기지국을 관리한다. 그런데 15개 이상의 협력 업체들이 들락거리는 바람에 주요 시설에 대한 문단속이 쉽지 않았다. 매번 열쇠를 주고받아야 하고 반납해야 하는 번거로움이 말이 아니었다. 스마트 도어록은 이런 불편을 해결해줬다. 또 비밀번호 관리를 통해 어떤 업체가 몇 번 출입했는지도 파악할 수 있게 됐다.[5]

B2C가 아닌 B2B 비즈니스에서도 고객의 고통을 줄여주는 것이 좋은 출발점이 된다. 공정 줄여주기가 대표적이다. 다시 하드록공업의 이야기로 돌아가보자. 이 회사가 처음부터 볼트와 너트를 만든 것은 아니었다. 창업 초기에는 프라이팬을 만들어 팔았다. 단순한 프라이팬이 아니다. 일반 프라이팬보다 다섯 배 더 빨리 계란말이를 만들 수 있는 프라이팬이었다.

일본 사람들은 계란말이를 즐겨 먹는다. 그 속에 명란젓이나 치즈 또는 다양한 재료를 넣는 것이 특징이다. 음식점들은 계란말이를 부지런히 만들어 반찬이나 술안주 등으로 내놓는다. 그런데 손님이 몰리면 주방이 정신없이 바빠진다. 게다가 계란말이를 만드는 과정은 생각보다 복잡하다. 계란물을 부치고 뒤집고 말고 하는 절차가 많아 계란말이를 만드는 속도를 올리기가 쉽지 않다. 음식점 주인이나 주방 입장에서 보면 여간 곤욕스러운 일이 아니다. 와카바야시 사장은 계란말이를 만드는 조리 과정의 복잡성을 대폭 줄여주는 제품을 개발했다. 음식점 주인과 주방장에게는 단비 같은 제품이었다.

다른 기업이 번거롭고 귀찮아하는 장비나 프로세스를 잘 갖춰도 새로운 비즈니스를 창출할 수 있다.[6] 효성그룹은 섬유, 중공업, 화학, 건설, 정보통신 등을 주요 업으로 하는 그룹이다. 그런데 효성은 음료 사업도 하고 있다. 충북 진천 광혜원 공장에 옥수수수염차(광동제약), 조지아커피(코카콜라), 아카페라(빙그레), 하늘보리(웅진식품), 아이스티(동서식품), 프렌치카페(남양유업) 등을 생산하는 설비를 갖춰놓고 있다.

효성은 음료 업체들이 음료 충전 때문에 골치를 앓고 있음을 발견하고는 음료 충전사업에 진출했다. 특히 페트병에 담기는 혼합차나 곡물음료가 늘어나면서 부패를 막아줄 충전설비를 구축하는 것이 기존 업체들에게는 만만찮은 일이었다. 음료 업계의 애로사항을 발견한 효성은 사업 가능성을 보고 무균 충전설비 시스템과 다층 페트병 생산설비를 갖췄다. 그러자 음료 제조업체들이 음료 충전을 의뢰하기 시작했다. 기존 음료 제조 기업들이 고가의 음료 충전 장비 없이도 비즈니스를 할 수 있는 기회를 효성이 제공한 셈이다.

이런 유형의 비즈니스 연장선이 주문자 상표 부착 생산(OEM;

Original Equipment Manufacturer) 또는 제조자 개발 생산(ODM; Original Development Manufacturing) 비즈니스다. 다른 기업의 제조를 담당하는 것이 OEM 비즈니스다. 애플의 스마트폰을 제조해주는 폭스콘이 예다. ODM 비즈니스는 화장품 업계에서 자주 볼 수 있다. 한국의 콜마나 코스맥스가 대표적인 ODM 비즈니스 기업이다. 이들은 화장품 비즈니스를 하고자 하는 사업자들에게 화장품 개발과 생산을 대신해준다.

의료 분야에서는 CRO(Contract Research Organization), CDMO (Contract Development Manufacturing Organization), CSO(Contract Sales Organization) 비즈니스가 있다. CRO는 제약 회사의 임상실험을 대행해주는 비즈니스를 말한다. CDMO는 제약 회사 대신 의약품을 개발하고 생산해주는 비즈니스를 맡는다. 삼성바이오로직스가 대표적이다. CSO는 제약사를 대신해 영업과 마케팅을 전담해주는 것이다. 이들 비즈니스의 특징은 기업의 가치사슬과 관련이 깊다. 한 기업에서 이뤄지는 가치사슬 업무의 일부를 떼내어 대행해주는 비즈니스다.

가치생성 모델에서 단서 찾기

가치생성 모델을 통해서도 비즈니스를 찾을 수 있다. 자사가 확보한 기술이나 프로세스 또는 핵심역량이나 파트너십을 활용하면 새로운 비즈니스 개척이 가능하다.

세계적 필름 업체 코닥이 파산하면서 전 세계를 경악시켰다.[7] 그런데 같은 필름 업계의 후지필름은 살아남아 오히려 과거 못지않은 전성기를 맞이하고 있다. 후지필름의 전체 매출에서 필름이 차지하는 비중은 이제 1퍼센트도 채 되지 않는다. 새로운 비즈니스들이 후지필름 매출액의 대부분을 차지하고 있다.

사업 다각화의 단서는 자신들이 이미 보유하고 있던 필름 관련 기술에 있었다. 필름 개발에 필요한 20만 점의 화학물질을 이용해 후지필름은 제약과 화장품 사업으로 진출했다. 필름의 핵심 재료인 콜라겐을 활용해 화장품 사업으로 진출했고, 사진 변색을 막기 위해 개발된 항산화 물질은 피부 노화 방지제로 전환됐다. 필름은 투명성과 얇은 두께 그리고 균일한 표면을 유지해야 하는 기술이 필요하다. 이를 활용해 LCD패널 소재를 개발하는 데 성공했다. 그리고 필름 기술과 디지털 광학 기술을 접목해 의료 진단기기 사업으로도 진출했다.

그렇다고 해서 후지필름이 쉽게 이들 사업에 진출했던 것은 아니다. 수십 년간 카메라 필름 시장에만 머물러 있던 임원들은 디지털카메라로 새로운 승부수를 던져야 한다고 주장했다. 하지만 CEO 고모리 시게타카(古森重隆)는 그런 제안에 침묵했다. 이미 이 시장은 소니, 니콘, 캐논, 미놀타 등 글로벌 일본 기업들이 장악하고 있었기 때문이었다.

판단이 서지 않자 고모리 회장은 엔지니어들을 만나기 시작했다. 이들의 생각은 달랐다. 후지필름이 가지고 있는 기술들을 활용하면 새로운 가능성이 열릴 수 있다고 제안했다. 이들에게서 아이디어를 얻으면서 차세대 투자와 시장 가능성에 대한 연구가 동시에 진행됐다. 이후 후지필름은 평판디스플레이, 의료장비, 제약, 화장품 등에 대한 투자를 결행하게 된다. 이들 사업은 모두 자신들이 강점을 가지고 있는 카메라 필름 제조기술을 바탕으로 하고 있었다.

3M은 일찍부터 후지필름이 보여준 방식으로 새로운 비즈니스를 열어온 기업이다.[8] 자신들이 가진 역량을 최대한 활용해 새로운 비즈니스를 여는 데서는 세계 최고 수준이다. 이런 전략을 구사할 수 있었던 것은 과거의 경험 덕분이었다. 3M은 설립 초기 망했던 경험이 있었다. 이 회사는 광산에서 강옥을 채취하는 것으로 비즈니스를 시작했다. 붉은색의 강옥을 루비라고 하고 푸른색이 나는 것을 사파이어라고 한다. 이 강옥을 채취하는 광산업에 매진하다 도산한 것이었다. 그러다 3M은 연마재로 다시 일어섰다.

이 과정에서 3M은 비즈니스 원리 하나를 깨달았다. 절대 한 가지 사업에 목을 매서는 안 된다는 점이었다. 그때부터 3M은 시장이 원하면 어떤 제품도 개발해내는 혁신 기업으로 변모했다. 그렇다고 이것저것 아무거나 개발한다는 의미는 아니다. 자신들이 가장 잘 알고 가장 잘 다룰 수 있는 분야에서 승부를 보려 했다. 이것이 지금까지 이어진 3M의 전통이다.

이 회사에서는 비즈니스의 부침이란 것을 찾아볼 수 없다. 너무나도 많은 제품으로 돈을 벌고 또 매년 새롭게 돈을 벌 수 있는 비즈니스 거리가 만들어지고 있기 때문이다. 그래서 이 회사의 진짜 정체가 무엇인지 아는 사람들이 많지 않다. 이들이 관여하고 있는 산업 분야만 60여 개가 넘는다. 소비재뿐만 아니라 산업재, 우주, 병원, 자동차, 보안, 군수 등 안 하는 것이 없다. 무엇이 주력이라고 말하기가 어려울 정도다. 이들 중 어떤 것들은 경기에 민감하지만 어떤 것들은 매우 둔감하다. 이런 조화가 있으니 망할 수가 없다. 어떤 의미에서 보면 완벽한 비즈니스 포트폴리오를 가지고 있는 회사다.

비용 모델에서 단서 찾기

비용 모델을 통해서도 비즈니스를 찾을 수 있다. 미국의 플래닛 피트니스(Planet Fitness)가 이 전략으로 대성공을 거뒀다. 똑같은 피트니스 사업을 하지만 다른 곳과는 가격 비교가 불가능할 정도로 저렴하다. 피트니스 업체마다 다르지만 미국의 경우 일반적으로 최소 월 200달러 이상의 비용을 지불해야 한다. 그런데 플래닛 피트니스에서는 월 10달러에 서비스를 제공한다. 가격이 저렴하다 보니 이 회사는 미국인의 4퍼센트를 회원으로 확보했다. 미국 인구 3억 3,000만 명 기준 시 1,300만 명 이상의 회원을 확보한 셈이다.

이 회사의 타깃 고객은 비만을 고민하는 미국인들과 가벼운 마음으로 운동을 하려는 사람들이다. 미국인들의 대부분은 비만을 걱정한다. 그럼에도 미국 국민의 80퍼센트 정도가 피트니스 센터 근처에도 가본 적이 없다고 한다. 비용이 비싸 회원 가입에 부담이 있고 또 회원 가입을 했다고 해도 운동 일수를 채우지 못하는 것에 대한 부담이 커서다. 이 문제를 플래닛 피트니스는 집중적으로 파고들었다.

비즈니스를 시작하면서 이 기업은 살 빼는 것에만 집중하기로 하고 여기에 필요한 돈만을 투자하기로 했다. 그래서 주목한 것이 유산소 운동기구였다. 유산소 중심이다 보니 인건비 높은 트레이너(PT)가 필요 없었다. 이곳은 심지어 수건도 제공하지 않고 무료 와이파이도 없다. 대신 극단적 가격을 제시했다. 최초에는 가입비 29달러를 내고 이후 매달 10달러를 내면 된다. 여기에 연회비로

39달러를 낸다. 12개월 기준이다. 회원 가입 비용을 제외하면 한 달 평균 13달러를 조금 넘게 지불하면 된다.

하지만 이곳은 싼 맛에 운동만 하는 곳은 아니라는 이미지도 동시에 갖고 있다. 이곳에 가면 '30분 운동 구역'이라는 장소가 있다. 운동 초보자들이 순서대로 근력 운동을 할 수 있도록 도와주는 곳이다. 여기에 들어가면 기구들에 번호가 붙어 있다. 이 순서를 따라 운동하다 보면 벽과 천장에 있는 신호등에 불이 들어온다. 초록 불일 때는 운동을 계속하면 되고 빨간 불일 때는 30초 쉰 후 다음 기구로 옮겨가면 된다. 이 구역에서 30분을 소비하면 초보자도 체계적인 운동을 할 수 있다. 개인 트레이너가 없는 대신 구역을 정해 차례로 운동을 하면서 살 빼기와 근력 운동을 유도한 것이다.

재미있는 서비스도 제공한다. 매월 첫째 월요일 저녁에는 피자를, 둘째 화요일 아침에는 베이글을 준다. 살 뺀다고 굶고 운동만 하면 무리가 생긴다는 것을 알려주기 위해서다. 오히려 적절히 먹으며 꾸준히 운동해야 살을 뺄 수 있다는 메시지를 전달하고 있다. 이런 서비스를 통해 회원들은 피트니스 센터가 자신들을 배려하고 있다는 느낌을 받는다. 또 피자와 베이글을 먹으며 친목을 다지는 효과도 있다. 이런 친목이 회원 유지에 큰 도움이 되고 있다.

플래닛 피트니스 센터에는 하이드로 마사지(hydro massage) 기구도 설치돼 있다. 운동 후 근육을 풀기 위한 기구다. 건강한 몸을 자랑하고 싶은 사람은 조금 더 돈을 내면 마사지 기구와 태닝 기구를 사용할 수 있다. 해당 서비스를 이용하려면 월 22.99달러를 내야 한다. 이것을 블랙카드 회원이라고 한다. 블랙카드 회원들에겐 특전이 있다. 플래닛 피트니스의 어떤 지점도 이용할 수 있고 스포츠 음료 등을 반값으로 사 마실 수 있다. 또 사신이 아닌 비회원 한 명을 데려와 같이 운동할 수도 있다.[9]

저렴하게 무언가를 조달할 수 있거나 만들 수 있다면 이것은 강력한 비즈니스 기회가 된다. 미국의 전기자동차 기업 테슬라가 단숨에 기존 자동차 업체들을 제치고 전기차 업계에서 두각을 나타낼 수 있었던 것도 자동차 차체 및 섀시 생산의 비용 절감 방법을 찾았기 때문이다. 기가프레스(Giga Press) 방식이 그것이다. 기가프레스는 대규모의 주물 공법을 말한다. 이 회사는 자동차의 차체와 섀시를 주물 방식으로 찍어낸다. 알루미늄을 녹인 액을 틀에 부어 주조해 차량 전체를 통째로 찍어낸다. 차체뿐만 아니라 결합된 다른 부품도 한 번에 찍어낸다. 기존 업체들은 철판을 잘라 압력을 줘 차체를 만들고 섀시를 만든다. 그러다 보니 조립 공정이 늘어나 생산 시간과 비용이 증가할 수밖에 없다. 이것을 테슬라는 한 번에 해결했다. 이 방법으로 테슬라는 차체 제작 제조 비용의 40퍼센트를 절감했고 무게는 30퍼센트를 줄이는 혁신을 이뤄냈다. 이 기술은 테슬라 고유의 것은 아니다. 이탈리아 IRDA사가 이런 생산을

가능케 하는 장비를 개발했고 테슬라가 이를 활용했다.[10]

온라인 판매를 도입한 것도 테슬라의 비용 줄이기 노력으로 봐야 한다. 테슬라의 유통구조는 오프라인 매장과 온라인 매장으로 구성돼 있다. 이 중 온라인 매장이 비용 줄이기에 일조했다. 인건비와 판매 수수료 및 판매장 운영비 같은 판매 관리 비용을 줄일 수 있었다.

저렴한 원자재나 재료를 취득할 수만 있다면 새로운 비즈니스가 가능하다. 한국에서 고등어 어획량이 줄면서 고등어 파동이 나자 한 홈쇼핑 업체가 노르웨이산 고등어로 대체했다. 가격도 저렴하고 고소한 맛으로 소비자들의 입맛을 잡으며 한국 시장을 파고들었다. 칠레산 홍어도 비슷한 경우다. 국내산 홍어값이 치솟으면서 그 대체재로 칠레산이 수입되기 시작했다.

유통 기업에게 가장 큰 고민은 재고 처리다. 시장 예측이 어렵거나 소비자 취향이 빠르게 변하는 산업일수록 재고가 늘어난다. 하지만 이것은 어떤 기업에게는 비즈니스의 기회를 제공한다. 재고처리 비즈니스 중 하나인 아울렛 사업이 대표적이다. 미국에는 재고만을 전담 처리하는 업체가 있다. 의류 및 생활 잡화를 판매하는 대형할인점 티제이맥스(TJ Maxx)다. 이곳은 다양한 브랜드의 제품을 판매하는데, 명품도 포함돼 있다. 모든 상품을 정가의 50퍼센트로 판다. 잘만 하면 최고 명품 의류를 50퍼센트에 살 수 있다는 이야기다.

고급 의류가 팔리는 최초의 출발점은 백화점이다. 백화점에서는 처음에 정가로 판매를 하다 세일을 통해 20~30퍼센트 정도 저렴한 가격으로 판매를 한다. 여기서도 소진되지 못한 옷은 아울렛으로 넘어간다. 1차 아울렛으로 넘어가면 보통 정가의 30~50퍼센트에 팔리고, 2차 아울렛으로 넘어가면 50~80퍼센트에 팔리며, 3차 아울렛까지 가면 정가의 80~90퍼센트 수준으로 값이 떨어진다. 아울렛 비즈니스가 성립하는 방식이다. 비용 모델에 기초하는 대표적 비즈니스다.

수익 모델에서 단서 찾기

수익 모델을 통해서도 새로운 비즈니스를 찾을 수 있다. 경기도 김포시에는 유산균 제품 생산 기업 쎌바이오텍(Cellbiotech)이 자리 잡고 있다.[11] 유산균 제품 생산 분야에서 세계 5위에 오른 업체다. 이 회사가 만드는 유산균은 프로바이오틱스(Probiotics)다. 살아 있는 유산균을 제품화한 것을 말한다. 보통의 유산균은 위에서 위산과 담즙의 공격을 받아 대부분 죽는다. 하지만 이 회사가 만드는 프로바이오틱스는 위에서 살아 장까지 가는 것은 물론이고, 살아 있는 균이 1억 마리가 넘는다.

쎌바이오텍이 성장하게 된 배경은 정명준 대표의 이력과 관련 있다. 그는 대학에서 생물학을 전공했고 대학원에서는 미생물학을 공부했다. 그런데 전혀 엉뚱한 곳에서 비즈니스 계기를 발견했다. 그는 대학원을 마치고 한 식품 업체에 취직해 10년을 재직했다. 어느 날 회사에서 그를 덴마크로 유학을 보냈다. 덴마크에서 그는 큰 충격을 받았다. 세계적 유산균 기업인 크리스찬 한센(Christian Hansen)과 3개월 동안 공동 연구를 했는데 본사가 대단하더란다. 건물의 화려함은 차치하더라도 2층에 뷔페식당이 있어 사람들이 와인을 마시며 식사를 하는 모습에 그는 충격을 받았다. 자신이 속한 회사에서는 3교대로 죽어라 일해도 남는 이윤이 없는데 이 회사는 도대체 무엇을 팔기에 이렇게 돈을 많이 버는지 호기심이 생겼다. 그 비밀은 유산균에 있었다.

자신이 다니는 회사가 만드는 제품은 1킬로그램에 1달러 남짓 이윤을 버는 데 그쳤다. 그런데 이 회사의 유산균은 1킬로그램에 400달러의 이윤을 냈다. 여기서 충격 받은 그는 유산균 사업을 하기로 마음먹는다. 쎌바이오텍 같은 회사가 바로 수익 모델에서 단서를 잡아 비즈니스를 시작한 경우다.

반도체, 디스플레이, 스마트폰, 2차 전지 등의 가공에 필요한 각종 화학소재를 만드는 솔브레인(Soulbrain)이라는 기업도 비슷하다. 매출이 5,000억 원을 훌쩍 넘는 중견 기업이다. 이 회사의 대표는 화학공학을 전공한 후 잠시 직장생활을 하다가 무역 업체를 차려 독립을 했다. 일본 기업의 반도체 가공용 화학소재를 주로 수입하는 업체였는데, 여기서 남는 이윤이 원가의 수십 배가 넘는 것을 보고 큰 자극을 받게 됐다. 그렇게 무역업을 접고 화학소재를 생산하는 비즈니스를 시작하게 됐다.

경쟁자에 의해 이미 검증된 사업에 도전하는 것도 수익 모델에 기초한 비즈니스 단서 찾기의 한 방식이다. 최근 한국의 기업들도 바이오시밀러(biosimilar) 사업에 눈을 뜨고 있다. 바이오시밀러는 전통적 제약업에서의 복제약 사업과 유사하지만 화학적 제법이 아닌 생물학적 제법을 활용한다는 점이 다르다. 한국에서 바이오시밀러 사업의 대표주자는 셀트리온(Celltrion)이다.

사실 이 사업이 가능한 것은 주요 바이오시밀러 제품의 특허권이 만료된 덕분이다. 유방암에 효과가 좋은 허셉틴(Herceptin)이라는 약과 대장암에 사용되는 얼비툭스(Erbitux)라는 약은 매년 1조 원 이상 팔리는 의약품이다. 이런 제품들의 특허가 만료되고 있으며, 이 시장에 진입하기 위해 전 세계 기업들이 각축을 벌이고 있다. 이미 검증된 수익을 보고 뛰어드는 것이다.

KEY TAKEAWAYS

1. 새로운 비즈니스를 찾을 때는 무작정 찾기보다는 비즈니스 모델의 네 가지 모델을 활용해 찾는 것이 쉽다.

2. 고객관계 모델, 가치생성 모델, 비용 모델, 수익 모델에 집중하면서 찾아보는 것이다.

제11장

비즈니스를 찾을 때 무엇에 주의해야 하는가?

아웃사이드인·인사이드아웃 전략 결합하기,
경쟁자 약점 공략하기, 타이밍 잡기

"비즈니스 기회는 버스와 같다.
항상 새로운 버스가 온다."

_리처드 브랜슨, 버진그룹 회장

"실패한 결정 열 개 중 여덟 개는 판단을 잘못해서가 아니라
'제때' 결정을 못 내렸기 때문이다."

_짐 콜린스, 《좋은 기업을 넘어 위대한 기업으로》 저자

새로운 비즈니스를 찾을 때 반드시 주의해야 할 것들이 있다. 크게 세 가지를 지적하고자 한다. 하나는 아웃사이드인 전략과 인사이드아웃 전략이 결합돼야 한다는 점, 두 번째는 경쟁자의 비즈니스 모델이 가진 약점을 공략하면 성공 가능성이 높다는 점이다. 세 번째는 모든 비즈니스에는 타이밍이 있다는 점이다.

'아웃사이드인'과 '인사이드아웃' 전략의 결합

비즈니스의 외적 정합성을 높이기 위해서는 인사이드아웃이 아닌 아웃사이드인 사고가 필요하지만 새로운 비즈니스를 찾을 때는 두 개의 사고가 모두 결합된 전략을 사용해야 성공 가능성이 높다. 인사이드아웃이란 말 그대로 나를 중심으로 밖을 바라보는 방식을 말한다. 우리 회사가 잘하고 있는 것을 중심에 두고 새로운 비즈니스에 대한 시각을 갖는 전략을 말한다. 반대로 아웃사이드인이란 바깥에서 안을 보는 방식을 말한다. 고객의 즐거움과 고통을 중심에 두고 새로운 비즈니스에 대한 시각을 갖는 전략을 의미한다.

아웃사이드인 전략의 장점은 소비자의 니즈나 수익 실현에 대한 감을 알고 시작하는 것이지만, 이들을 비즈니스로 구현할 가치생성이나 비용통제 역량이 부족하면 실패할 가능성이 높다는 단점이 있다. 인사이드아웃 전략도 단점이 있다. 우리만의 새로운 기술과 생산 역량이 있다고 해서 생산된 제품이나 서비스를 소비자들이 받아준다는 보장이 없다는 것이다. 또 비용을 아무리 낮춰도 소비자가 외면한다면 비즈니스를 할 수 없다. 그래서 새로운 비즈니스를 할 때는 반드시 아웃사이드인 전략과 인사이드아웃 전략을 결합해 접근해야 한다.

1851년 설립 이래 170여 년 동안 귀금속 시장을 이끌어온 독일의 헤라이우스(Heraeus)가 두 전략을 잘 활용하는 대표적인 회사다.[1] 이곳에서는 귀금속 제조에서 중개와 거래까지, 귀금속 시장의 트렌드를 이끌어나가고 있다.

이 회사는 늘 새로운 비즈니스를 개척하기 위해 노력한다. 귀금속 시장은 겉으로 드러나는 화려함과 달리, 돈만 있으면 누구나 참여할 수 있다. 진입장벽이 낮다는 말이다. 수익을 내는 비즈니스의 핵심 요소는 고가격이 아니라 대량으로 사고 파는 박리다매다. 한마디로 마진이 별로 없는 비즈니스다. 투기성이 강한 만큼 순식간에 엄청난 손실을 볼 위험도 도사리고 있다. 이러한 사업에서 살아

남기 위해서는 귀금속 도소매만으로는 어렵다는 사실을 헤라이우스는 깨닫게 된다.

이러한 경우 안전하게 새로운 비즈니스를 만들어내려면 어떤 전략을 세워야 할까? 헤라이우스는 인사이드아웃과 아웃사이드인 전략의 조합으로 해결했다. 이들은 새로운 시장으로 진입할 때 자신이 가지고 있지 않은 기술이나 역량에는 관심을 갖지 않는다. 그 대신 자신이 가장 잘하는 분야에만 집중한다. 다시 말해 인사이드아웃 전략에 철저하다. 그렇다고 자신들이 잘하는 것만을 이용해 새로운 것을 만들어내지 않는다. 철저히 자신들의 역량이 필요한 다른 분야를 섬세하게 관찰하고 고객들에게 무엇이 필요한지를 찾아낸다. 즉, 수요가 있는 기술만 개발한다는 말이다. 이것이 헤라이우스의 아웃사이드인 전략이다.

두 전략을 복합적으로 실행하기 위해 헤라이우스는 자사를 '금과 은을 가장 잘 다루는 기업'으로 정의했다. 그리고 금과 은을 세계에서 가장 잘 다루는 '기술종합 기업(테크놀로지 콘체른)'으로 변모시켰다. 또한 연구개발의 목표를 '금과 은 비즈니스에 종사하는 고객에게 필요한 핵심 기술의 개발'로 정했다. 목적 없이 연구를 위한 연구를 수행하는 것이 아니라 금과 은을 다루는 고객들에게 필요한 기술 개발만을 목적으로 삼은 것이다.

이 기업은 은합성물을 만들어내는 기술에서 두각을 보이고 있다. 은합성물은 귀금속 업자라면 누구나 만들 수 있다. 하지만 헤라이우스는 일반적인 기술에 만족하지 않고, 수요가 일고 있는 첨단 기술에 관심을 돌렸다. 대표적인 예로 태양열 집열판에 특화된 은합성물을 개발했다. 공업용 특수 귀금속, 치과용 금제품, 의료용 귀금속 제품, 특수 유리, 귀금속을 이용한 특수 광센서 개발 같은 분야에서도 성과를 내고 있다. 머리카락 지름 5분의 1 정도의 마이크로칩용 황금 전선도 개발했다. 휴대전화, 자동차, 인공위성, 입자가속기에 들어가는 부품도 만든다. 모두 수요가 있고 개발만 하면 수익도 높은 것을 확인하고 뛰어든 사업 분야다.

이런 전략 덕분에 헤라이우스의 연구개발 비용은 업계 최소, 경쟁 기업의 절반 이하다. 연구집적비(매출액 대비 연구개발비)를 따져보면 경쟁 업체인 벨기에의 유미코아(Umicore)는 6.9퍼센트, 영국 존슨매티(Johnson Matthey)는 4.9퍼센트 수준인데 비해, 헤라이우스는 절반 수준인 2.4퍼센트다. 특허 숫자도 상대적으로 적다. 자신들이 강점을 갖는 분야에서 수요자에게 꼭 필요한 기술만을 개발하는 방식으로 연구를 한정했기 때문이다. 이러다 보니 이곳의 기술 투자 대비 성과는 매우 좋다. 기업 매출의 20퍼센트 정도가 3년 이내에 출원한 특허에서 나오고 있다. 모두 자신들이 가진 역량과 기술이 필요한 수요처를 발굴해 기술을 개발하는 능력 덕분에 가능한 일이었다.

인사이드아웃 전략과 아웃사이드인 전략을 결합하려면 필요한 가치생성 역량을 추가로 확보해야 할 때도 있다. 후지필름이 새로운 비즈니스로 진입할 때 모든 역량을 갖추고 있었던 것은 아니다.[2] 이 과정에서 공격적 인수 합병도 있었다. 그들은 필름 기술을 화장품과 의료장비 기술에 응용하기 위해 핵심 기술 보유 기업들을 사들였다. 일본의 유수 제약 회사 도야마(富山)화학을 인수했고, 세계 2위 제약사인 독일 머크(Merck)의 자회사 두 곳도 사들였다. 미국의 초음파 진단 장비 제조업체인 소노사이트(SonoSite)와도 합병했다.

온라인몰 개발 지원 업체 쇼피파이가 비즈니스를 하면서 가장 많이 신경을 썼던 부분이 파트너 선별이었다. 그들은 자신들이 갖지 못한 가치생성 역량을 보충하고자 했다. 특히 기술지원 파트너를 확보하려고 노력했다. 파트너 프로그램과 앱을 제공하는 협력자들이다. 파트너 프로그램은 개인 온라인몰 사업자들에게 도움이 되는 노하우를 가진 기업이나 개인을 말한다. 이를 쇼피파이 파트너라고 부른다. 이들은 쇼피파이 솔루션을 활용하는 데 어려움을 겪는 온라인몰 사업자들을 지원한다. 이들에게 필요한 웹 개발, 디자인, 마케팅 등의 작업을 지원한다. 온라인몰 사업자 다섯 곳 이상을 성공적으로 도운 경험이 있는 파트너를 '쇼피파이 전문가'라고 부르고 전문가 리스트에 등록한다. 전문가 집단은 스토어 설계 전문가, 디자이너, 개발자, 마케터, 사진작가의 다섯 개 분야로 나누어 관리된다.

온라인몰 사업자들은 쇼피파이가 운영하는 앱스토어에서 자신들에게 필요한 앱을 파트너나 전문가의 도움을 받아 내려받으면 된다. 쇼피파이가 직접 제작한 앱도 있지만 주로 외부 개발자들이 만든 앱들이 제공된다. 온라인몰 제작에 필요한 앱뿐만 아니라 환율 계산기, 페이스북 등 외부 채널 관리, 고객 리뷰 관리, 홍보 메시지 자동 발송 등 온라인몰 사업과 관련한 앱들을 활용할 수 있다.[3]

경쟁자 약점 공략하기

새로운 비즈니스를 찾을 때 경쟁사나 기존 제품을 공략하는 전략이 매우 유용하다. 이미 비즈니스 모델이 형성돼 있어 약점만 극복하면 비즈니스가 수월해질 수 있기 때문이다.

경쟁자들은 다양한 기술로 새로운 제품이나 서비스를 내놓는다. 하지만 새로운 제품이나 서비스일수록 시장에서 성공하기가 쉽지 않다. 시장을 충분히 설득할 만큼 완벽한 제품이나 서비스 특성을 구현하지 못하는 경우가 많기 때문이다. 이것을 공략하면 새로운 비즈니스가 열린다. CJ제일제당의 'MANDU'가 좋은 예다. 한국을 대표하는 식품 기업인 CJ제일제당이 만두 비즈니스에 뛰어들었다. 2013년 제품 출시 후 9년 만에 누적 매출 5조 원에 이르렀고 해외 매출만 1조 원이 넘는 사업이 됐다. 비결이 무엇일까?

국내에서는 이미 기라성 같은 만두 브랜드들이 자리 잡고 있었다. 고향만두가 선두주자였다. 해외에는 링링이라는 중국 브랜드가 시장에서 공고하게 자리 잡고 있었다. 하지만 CJ제일제당은 경쟁자의 약점을 정확히 파악한 덕분에 경쟁이 치열한 시장에서 성과를 낼 수 있었다.

기존 만두 제조업체에서는 만두소를 쉽게 만들기 위해 고기와 야채 등 재료를 갈아 만드는 방식을 사용했다. 그러다 보니 만두의 식감이 약해 씹으면 흐느적거렸다. CJ제일제당은 이 문제를 공략했다. 고기와 야채 등의 만두소를 갈지 않고 칼로 채를 써는 방식으로 식감을 높였다. 기존 만두의 또 다른 약점은 두꺼운 만두피였다. 중국에서는 만두가 일종의 식사대용이기 때문에 만두피를 두껍게 만든다. 기존 한국의 만두 제품에도 그러한 전통이 오랫동안 남아 있었다. 하지만 한국인들에게 만두는 간식거리다. 그래서 두꺼운 만두피를 별로 좋아하지 않는다. CJ제일제당은 이 문제를 인식하고 만두피를 최대한 얇게 만들었다. 기존 만두의 세 번째 약점은 만두소를 가득 채우지 않는다는 점이다. 만두소가 너무 가득 차면 끓일 때 터질 수 있어서다. CJ제일제당은 만두소를 채우되 터지지 않도록 피의 쫀득한 탄성을 최대한 높이는 방법을 개발했다.

CJ제일제당은 국내에서의 성공을 기반으로 만두사업을 미국으로 확장시켰다. 이때 기발한 브랜드 전략을 들고 나왔다. 만두의 일반 명칭인 덤플링(Dumpling)을 쓰지 않고 MANDU(만두)라는 한국식 영어 표기를 썼다. 일반적으로 미국인에게 만두의 총칭은 덤플링이다. 문제는 이 단어에 싸구려 이미지도 담겨 있었다는 것이다. 이것을 벗어나기 위한 전략이었다. 여기에는 미국에서도 강하게 퍼지고 있던 한류 문화가 영향을 줬다. 또 다른 성공전략도 있다. 닭고기와 고수에 익숙한 미국 소비자들을 위해 '비비고 치킨 고수만두'를 내놓았다. 이러한 노력으로 2016년 CJ제일제당은 미국의 만두 시장에서 부동의 1위였던 중국의 링링을 누르고 선두로 올라서게 된다.[4]

테슬라도 경쟁자의 약점을 치고 들어가 시장에서 약진한 경우다. 테슬라가 자동차를 만든다고 발표했을 때 전 세계 많은 사람이 매우 무모하다고 생각했다. 제아무리 엔진이 아닌 배터리로 구현되는 전기자동차라고 하더라도 자동차에 대한 경험 자체가 너무 짧았기 때문이다. 하지만 테슬라는 시간이 지날수록 자신들에게 막강한 경쟁력이 있음을 증명했다. 먼저, 테슬라는 기존 자동차 기업들이 상상도 하지 못한 기가프레스를 이용한 생산 방식을 도입했다. 이를 통해 생산비용을 엄청나게 절감할 수 있었다. 이에 대해서는 설명한 바 있다. 테슬라는 여기에 그치지 않았다. 이들은 기존 자동차 회사들이 고객에게 주지 못한 전혀 새로운 가치를 제공하면서 자신들이 기존 기업들과 차별화돼 있음을 인상적으로 보여줬다.

가장 눈에 띄는 것은 SDV(Software-Defined Vehicle)라는 개념에 입각한 고객가치다. 테슬라는 전기자동차를 단순히 기계 부품이나 배터리의 조립체가 아닌 '소프트웨어에 의해 정의되는 자동차'라고 선언하면서, 여기에 충실한 고객가치 창출 능력을 선보였다. 대표적인 것이 OTA(Over The Air Programming), 즉 무선 업데이트 기능이다. 자동차에 필요한 새로운 소프트웨어 기능을 원격으로 업데이트해주는 방식이다. 테슬라의 고객들은 OTA 기능을 통해 기존 자동차 회사들이 제공하지 못한 새로운 가치를 경험할 수 있었다. 부품을 교환하는 수준의 일이 아니라면 가만히 앉아서 차를 제어하는 소프트웨어 업그레이드만으로 고객들은 매번 신차를 타는 경험을 누렸다. 자율주행과 관련된 기능들도 끊임없이 업그레이드됐다. 한때 테슬라가 자사 출시 차량의 높은 불량률 때문에 위기를 맞은 적이 있었지만 소비자들이 이탈하지 않았던 것도 OTA의 역할 때문이다.

또 테슬라는 급속충전 스테이션인 슈퍼차저(Supercharger)로 전기를 20분 만에 완전 충전해 400킬로미터를 갈 수 있는 서비스도 제공했다. 자동차 내에서 인터넷도 사용할 수 있도록 해주었다. 핵심 부품의 경우 주행거리와 무관하게 8년 품질 보증도 해준다. 이런 차별화를 통해 테슬라는 자신의 차가 기존 차들과는 차원이 다른 차임을 부각시켰다. 이 전략이 소비자들에게 침투되면서 테슬라는 전기자동차 시장에서 매우 짧은 시간에 선두로 올라서게 된다.

새로운 비즈니스와 타이밍

새로운 사업에 도전할 때 타이밍의 중요성을 잊어서는 안 된다. 비즈니스 세계에서 타이밍은 어떤 경영요소보다도 중요하다. 이것을 알기 위해서는 '티핑포인트(tipping point)'에 주목해야 한다. 티핑포인트란 시장에서 새로운 기술의 가능성이 열리기 바로 직전의 시간을 말한다. 결코 알아내기 쉽지 않지만 신기술로 인해 소비자들이 얻는 즐거움과 고통의 추이를 지켜보면 어느 정도 힌트를 얻을 수 있다. 대다수 사람은 새로운 기술이 등장하면 티핑포인트가 바로 열릴 것으로 생각한다. 반드시 그렇지만은 않다. 기술의 혁신성이 높을수록 티핑포인트는 늦게 열린다. 혹은 관심만 끌다 사라지는 경우도 있다.

스마트폰의 역사를 보면 티핑포인트의 특징을 알 수 있다. 스마트폰의 원조는 1992년 IBM에서 만든 사이먼폰(Simon Personal Communicator)이다. 이 스마트폰은 전화는 물론이고 주소록 작성과 계산기 그리고 메모도 가능했다. 이메일은 물론이고 팩스 기능도 있었다. 스크린을 터치하는 것으로 게임도 할 수 있었다. 당시로서는 획기적인 제품이었지만 시장에서 성공하지 못했다.

이후 노키아가 스마트폰에 다시 도전한다. 노키아는 1996년 노키아9000이라는 스마트폰을 선보였고 진일보한 스마트폰 노키아9210도 선보였다. 이 제품은 컬러 스크린에 개방형 운영 체제를 가지고 있었다. 이후 선보인 노키아9500에는 카메라를 장착했고 와이파이 기능도 추가했다. 오늘날 사용하는 스마트폰과 매우 유사한 기능들을 노키아의 스마트폰이 가지고 있었다. 하지만 시장에서는 환영받지 못했다. 이유가 무엇일까?

이유는 간단했다. 집 전화기와 공중전화기를 사용하다 휴대전화의 등장만으로도 신세계가 열린 소비자들에게 스마트폰은 너무 생소했고 작동법을 배워 사용하기에 고통으로 다가왔기 때문이다. 잘 알다시피 스마트폰은 전화기가 아니다. 전화 기능이 추가된 컴퓨터다. 당시만 해도 컴퓨터를 조작할 수 있는 사람들은 그리 많지 않았다. 그러다 보니 노키아의 스마트폰 기능을 배워 문서를 작성하고 이메일을 사용하는 것을 어려워했을 뿐만 아니라 필요를 느끼지도 못했다. 종합하면, 노키아의 스마트폰은 소비자들의 욕구를 한참 앞서나간 제품이었다. 정작 스마트폰 비즈니스에서 대성공을 거둔 회사는 IBM의 사이먼폰이 등장하고 15년 뒤에 나타난 애플이었다. 이처럼 새로운 기술이 등장해 소비자들이 익숙해지기까지는 시간이 걸린다. 이 시간을 눈치 채는 것이 비즈니스의 타이밍이다.

3D 기술에서도 유사한 예를 찾아볼 수 있다.[5] 2009년 〈아바타〉라는 영화가 세상을 떠들썩하게 만들면서 3D에 대한 세간의 관심이 높아졌다. 하지만 3D의 기원은 훨씬 이전으로 거슬러 올라간다. 이에 대한 최초의 개념은 1838년 영국의 발명가 찰스 휘트스톤(Charles Wheatstone)이 양쪽 눈의 시각차 때문에 인간이 입체를 볼 수 있다는 사실을 밝혀내면서 알려지기 시작했다. 이를 이용해 1849년 데이비드 브루스터(David Brewster)가 프리즘 방식의 입체경을 발명했고, 1915년 미국에서 최초로 3D영화가 상영됐다.

1922년 〈사랑의 힘(Power of love)〉이라는 상업용 작품이 등장하면서 본격적인 3D 시대의 막이 올랐다. 하지만 3D 영화는 오래가지 못했다. 당시는 적색과 청색 안경을 들고 관람하는 방식이어서 눈의 피로도가 너무 컸다. 1970년대에 영화 〈조스3〉가 3D로 개봉됐지만 여전히 보기 불편한 적색과 청색 안경으로 인해 흥행에 실패하고 말았다.

신기술로 비즈니스의 새로운 전기를 열겠다는 포부를 가진 기업이 비즈니스 타이밍 잡기에 실패해 기업 자체가 어려움에 빠진

예는 여러 곳에서 찾아볼 수 있다. 대표적인 예가 소니다.[6] 소니는 결코 기술력이 낮은 기업이 아니다. 그럼에도 불구하고 소니는 TV 시장의 타이밍 포착 능력을 키우지 못하고 한국 기업들에게 밀리고 말았다. 소니는 브라운관 TV 기술이 자신들의 강점이라는 생각에 머물러 있던 탓에 PDP와 LCD 기술에 느리게 대응해 평판 TV 시장에서 완전히 밀려나고 말았다. 하지만 소니는 자신들의 실수를 만회하기 위해 절치부심했다. 그 결과로 나온 TV가 LED TV였다.

2006년 소니는 세계 최초로 LED TV를 내놓았다. LED TV 시장에서만큼은 소니가 한국의 기업들을 한참 앞서갔다. LED TV는 기존의 LCD TV에 비해 화면 밝기나 선명도에서 월등한 성능을 보였다. 소니는 이것으로 한국의 TV 업체에 대한 열세를 뒤집을 수 있을 것으로 생각했다. 하지만 시장 진입 타이밍에 실패하면서 오히려 사업 주도권을 삼성전자와 LG전자에 내주는 일이 일어났다. 2006년은 TV 시장이 LCD TV로 옮겨가면서 상승기를 타고 있던 시점이었다. 당연히 전 세계의 모든 매장에서는 LCD TV를 한 대라도 더 팔기 위해 필사적으로 영업을 했다. 이러한 시기에 소니는 LCD TV의 두 배가 넘는 가격으로 LED TV를 내놓았다. 시장 반응은 싸늘했다.

LED TV 시장으로 돈을 번 기업은 삼성전자였다. 이 회사는 LCD

TV가 전 세계적으로 포화에 이르던 2009년에 LED TV를 들고 나타났다. 2009년 미국 라스베이거스에서 열린 세계전자박람회(CES)에서 삼성전자는 2.9센티미터 두께의 LED TV를 사이즈별로 전시하면서 LED TV 시대의 포문을 열었다. 이때 소니는 또다시 어처구니없는 실수를 저질렀다. LED TV를 가장 빨리 만든 기업이었음에도 불구하고 13센티미터 두께의 구식 제품을 소개하는 빈곤함을 보였다. 2006년의 실패로 LED TV가 시장성이 없다고 판단해 기술 개발에 적극적으로 나서지 않은 것이 원인이었다. 자연스럽게 LED TV 시장의 주도권은 삼성전자와 뒤이어 LED TV 시장으로 뛰어든 LG전자로 넘어갔다.

신기술로 시장에 진입하기 위한 타이밍은 어떻게 찾을 수 있을까? 간단한 요령이 있다.[7] 새로운 기술로 인해 소비자들이 어떤 즐거움과 고통에 노출되는지를 추적해보는 것이다. 소니는 바로 이 지점에서 실수를 범했다. 사실 LED TV나 LCD TV는 기술적으로 동일한 형태의 TV다. 둘 다 백라이트가 필요하다. 다만 LED TV는 LED를 백라이트로 하고 LCD TV는 소형 형광등을 백라이트로 한다는 차이가 있다. LED가 형광등보다 밝기 때문에, LED TV가 선명도와 화질에서 LCD TV를 앞선다. 그만큼 소비자 입장에서는 즐거움을 만끽할 수 있다. 그런데 동시에 비싼 가격이라는 고통도 따른다. LED는 일종의 발광 반도체로 이를 백라이트로 사용하면 형광등을 사용할 때보다 TV 값이 비싸진다. LED TV가 소비자에게 주는 고통이다.

신기술을 적용했을 때 소비자가 느끼는 고통이 즐거움보다 훨씬 크다면 해당 기술을 선보이는 시기로 적절치 않다. 소니의 실수가 바로 여기 있었다. 소니가 LED TV를 내놓았던 시기는 LCD TV가 시장에서 왕성하게 보급되고 있을 무렵이었다. 그러자 소비자들은 LED TV가 가지고 있는 차별화된 즐거움을 인식하기보다 고가격이라는 고통을 더 크게 받아들였다.

소니의 문제는 여기서 끝나지 않았다. LED TV에서 참패를 당하자 LED TV 개발을 아예 포기했다. 소니는 자신의 실패 원인이 기술이 아닌 시장 진입의 타이밍에 있었음을 알아채지 못했다. 반면 삼성전자는 LED TV 시장 진입의 타이밍을 절묘하게 잡았다. 이 회사는 전 세계적으로 LCD TV가 포화되기 시작하는 시점에 LED TV를 등장시켜 시장의 주목을 끌어냈다.

서비스업에서도 타이밍이 중요하다. 한국의 CJ올리브영이 선보인 드럭스토어(drugstore) 비즈니스에서 교훈을 얻을 수 있다.[8] 1999년 CJ올리브영은 약국형 유통체인인 드럭스토어를 선보였다. 이곳에서는 약품은 물론이고 미용 관련 제품이나 비타민 그리고 BB크림 같은 화장품을 살 수 있다.

새로운 형태의 유통 매장인 드럭스토어의 모태는 미국에서 시작됐다. 1900년대 약국을 모태로 시작된 이 매장은 1950년대로 접어들면서부터 판매 품목이 화장품, 음료, 식품으로 확장됐다. 그리고 1990년대 일본에서 미국 방식을 받아들이면서 드럭스토어라는 이름으로 개점시켰다. 1950년대 미국에서 그리고 1990년대 일본에서 도입되기 시작한 드럭스토어가 2000년대 한국에 뒤늦게 도입된 까닭은 무엇일까? 해답은 바로 '사회적 수용성'이라는 타이밍에 있다.

CJ올리브영이 드럭스토어에 관심을 가지기 시작한 것은 한국 시장이 미국이나 일본의 소비 패턴을 닮아가기 시작하면서부터다. 우선 길거리 화장품 시장이 급성장했다. '더페이스샵'이나 '미샤'처럼 거리 매장을 갖춘 화장품 시장이 팽창하고 있었다. 또 한국에서도 일부 품목이지만 의약품을 약국 이외의 곳에서도 살 수 있는 여건이 조성되면서부터 시장에 변화가 일기 시작했다. 여성들의 사회 참여 증가로 인해 이들의 구매력이 획기적으로 높아진 것도 한몫했다.

미국과 일본에서는 이런 흐름이 한국보다 이른 시기에 나타났다. 미국의 경우 1970년대부터 여성들의 사회 진출이 늘고 소득도 함께 증가하면서 드럭스토어 매출이 크게 상승했다. 일본에서도 1990년대에 유사한 현상이 벌어졌다. 한국에서는 2000년대 들어서면서부터 이런 현상이 나타나기 시작했다.

미국, 일본 그리고 한국에서 드럭스토어의 등장 시기가 달랐다는 것은 무엇을 의미할까? 답은 간단하다. 특정 나라에서 유행하고 있는 비즈니스가 다른 나라에서도 시차 없이 잘되는 것은 아니라는 점이다. 어느 사회나 저마다의 독특한 시장과 사회적 분위기를 가지고 있다. 비록 다른 나라에서 성공한 비즈니스라고 해도 이를 소비자들이 수용할 만한 분위기가 형성돼 있지 않다면 이 비즈니스는 실패할 가능성이 높다.

KEY TAKEAWAYS

1. 새로운 비즈니스를 잘 찾기 위해서는 아웃사이드인 전략과 인사이드아 웃 전략을 결합할 줄 알아야 한다.

2. 경쟁자의 비즈니스 모델의 약점을 알면 새로운 비즈니스를 개척할 수 있다.

3. 새로운 비즈니스를 할 때 절대 놓치지 말아야 하는 것은 비즈니스 타이 밍이다.

제 12 장

고객,
어떻게 확보할
것인가?

고객 찾기와 고객 유지하기

"비즈니스 세계에서는 천하의 명품도
고객에게 팔리지 않으면 아무 소용이 없다."

"소비자는 바보가 아니다.
그들은 당신의 모든 걸 아는 배우자와 같다."

_데이비드 오길비, 미국 광고전문가

비즈니스를 하면서 가장 어려운 일 중 하나가 고객을 확보하는 것이다. 비즈니스에 필요한 모든 요소를 갖췄다고 해도 고객을 확보하지 못하면 모든 것이 헛일이다. 또한 기껏 확보한 고객들의 변심도 고민이다. 경영 환경 중 가장 빠르게 바뀌는 것이 고객이다. 그들의 니즈를 끊임없이 채워주지 못하면 그들은 달아나고 만다. 이런 문제들을 해결하기 위해서는 두 가지 점에 집중해야 한다. '고객 찾기'와 '고객 유지하기'다. 전자는 새로운 비즈니스를 할 때 필요하고 후자는 기존 비즈니스를 지속시킬 때 필요하다.

고객 찾기

고객 찾기는 업종에 따라 차이가 있지만, 제품이나 서비스를 개발한 후 고객을 찾는 경우가 대부분이다. 이때 자신을 알리는 것이 가장 중요한 일이다. 이를 위해 첫 번째 필요한 것이 기업의 홈페이지를 잘 만드는 것이다. B2B 비즈니스인 경우 특히 중요하다.

여기에 속한 기업들은 자신들에게 필요한 기술을 끊임없이 찾고 있다. 이들이 필요한 정보를 찾아내는 첫 번째 창구가 홈페이지다. 아무도 안 찾아올 것이라는 생각에 아무렇게나 만들면 반드시 후회한다.

두 번째는 개발된 제품이나 서비스를 효율적으로 노출시킬 수 있는 경로를 찾는 것이 필요하다. B2B 비즈니스의 경우 다양한 전시회에 참여하면 많은 도움이 된다. 비록 전시회 참여로 소기의 목적을 달성하지 못했다고 하더라도 꾸준히 참여하는 것이 중요하다. 이 과정을 통해 조금씩 자신의 존재를 알릴 수 있다.

B2C 비즈니스의 경우에는 자신의 제품이나 서비스에 관심을 갖거나 가질 만한 사람들이 모이는 곳을 활용하면 된다. 그중 하나가 홈쇼핑이다. 중소기업들은 홈쇼핑을 통한 유통 경로에 거부감이 있다. 이곳에서 요구하는 수수료를 다 주고 나면 남는 것이 없기 때문이다. 하지만 생각을 조금 바꿀 필요가 있다. 새로운 비즈니스를 위해 필요한 마케팅 비용을 지출한다고 생각하면 된다. 홈쇼핑과 거래를 성사시키기 위해서는 제품의 특이점이 잘 드러나야 하고 품질과 적정한 가격이 매우 중요하다. 또한 제품에 대한 정보를 재정립하는 과정에서 자사의 현 상태를 진단해볼 수도 있다.

홈쇼핑을 통해 전국적인 브랜드로 떠오른 기업이 있다. 해피콜이라는 양면 프라이팬을 만드는 곳이다. 양면을 모두 사용해 고기나 생선을 골고루 익혀주는 신선한 아이디어로 프라이팬 시장에 도전했지만 해피콜의 비즈니스는 순탄하지 않았다. 주위의 권유로 홈쇼핑에 도전하기로 했다. 홈쇼핑에 출시 후 해피콜은 경이적인 기록을 달성했다. 쇼호스트가 프라이팬의 양면을 이용해 생선이나 달걀프라이를 쉽게 뒤집을 수 있음을 보여주자 놀라운 일이 벌어졌다. 방송 한 시간 만에 1만 2,800여 개가 팔렸다. 한 시간 내 홈쇼핑 방송을 통해 가장 많이 팔린 제품으로 기네스북에 올랐다.[1] 이후 주부들에게 이 회사의 브랜드가 순식간에 인식되면서 슈퍼마켓 유통망을 확보할 수 있었다.

물론, 홈쇼핑이 모든 것을 해결해주는 마법의 도구는 아니다. 어디에서나 살 수 있는 제품을 저렴한 가격에 의존해 홈쇼핑에서 판매하면 결과는 매우 실망스럽다. 고율의 수수료로 인해 남는 것이 없기 때문이다. 홈쇼핑을 이용할 때는 판매 자체보다는 브랜드를 알리는 데 목적을 두는 것이 효과적이다.

전통소주 브랜드 화요가 보여준 고객 확보 방식도 눈여겨볼 필요가 있다.[2] 화요는 도자기를 만들던 광주요가 고급소주를 표방하며 개발한 술이다. 이 회사가 자신들의 제품을 시장에 내놓을 때 쓴 독특한 방법이 있다. 골프장 내 식당을 타깃 유통 경로로 보고 제품을 내놓은 것이다. 골프장은 많은 사람이 모이는 곳이다. 그런데 골프장 안의 식당에서는 일반 소주를 팔지 않는다. 객단가가 맞지 않을 뿐만 아니라 일반 소주는 고급스럽지 않다는 이미지가 있기 때문이다. 화요는 이 틈을 노려 고급 소주의 입지를 골프장에서 다질 수 있었다.

유통 경로를 효과적으로 찾기 위해서는 무엇보다 자사 제품이나 서비스의 특성을 정확히 이해해야 한다. 해피콜의 성공은 프라이팬이 주로 주부들이 관심을 갖는 제품이라는 면에서 홈쇼핑과 궁합이 잘 맞았다. 홈쇼핑의 주요 고객들은 주부들이 많다. 반면 화요는 고급 전통소주를 표방하며 고급술을 찾는 사람들이 모이는 장소인 골프 클럽 식당을 효과적인 유통 경로로 선택했다.

이러한 방식은 한물간 제품의 유통 경로를 새롭게 찾을 때도 유용하다. 한국후지필름이 좋은 예다.[3] 이곳에서는 인스탁스(Instax)라는 즉석카메라를 판다. 이 제품이 생각지도 않은 유통 경로를 찾아내면서 대성공을 거뒀다. 처음 이 제품은 카메라 매장에서 판매됐다. 카메라니까 카메라 매장에서 파는 것이 정상적이라는 단순한 생각에서 내린 결정이었다. 하지만 사람들은 카메라 매장에서 이 제품을 거들떠보지도 않았다. 디지털카메라 시대가 열리는 마당에 구닥다리 즉석카메라로 소비자들의 매력을 끌기에는 역부족이었다. 그런데 이 제품이 생각지도 않은 유통 경로에서 대성공을 거뒀다.

즉석카메라의 판매가 부진하자, 입사 4년 차인 한 여성 대리에게 판매 임무가 주어졌다. 하지만 그녀 역시 아무리 고민을 해봐도 뾰족한 안을 찾을 수 없었다. 그러던 어느 날 문구류를 사려고 대형 서점에 갔다가 20대 여성들이 캐릭터 상품을 즐겁게 고르는 모습을 발견했다. 이때 아이디어가 떠올랐다. 인스탁스와 필름을 하나의 상품으로 묶어 캐릭터 상품처럼 서점에서 판매해보자는 것이었다.

반신반의하면서 상품을 입점시켰는데 예상 밖의 반응이 나타났다. 20대 여성들이 인스탁스를 친구와의 우정을 나누는 감성도구로 쓰기 시작한 것이다. 이들은 사진을 찍고 즉석에서 출력된 사진을 나누어 가지며 즐거워했다. 서점의 팬시 매장에서 즉석카메라의 판매 가능성을 본 후지필름은 인스탁스를 아예 팬시 제품으로 개발하기로 했다. 외관에 헬로키티 같은 캐릭터를 입혀 디자인하고 전용 가방에 미키마우스처럼 생긴 접사렌즈 그리고 컬러를 입힌 필름세트를 출시했다. 이후 놀라운 일이 벌어졌다. 꺼져가던 인스탁스가 날개 돋친 듯 팔려나갔다.

인스탁스가 새로운 유통망을 개척한 것은 우연이었다. 하지만 이 과정을 들여다보면 '인스탁스=카메라'라는 제품 특성 중심 사고에서 벗어나 '인스탁스=20대가 사용하는 물건'이라는 고객 중심 사고로의 전환이 있었음을 알 수 있다. 주 고객인 20대가 어디에 모여 물건을 사고 그들이 어디서 즐거움을 얻는지를 찾아낸 것이 성공의 핵심이었다.

고객 유지하기

고객을 찾아 비즈니스를 개시했다고 해도 숙제는 여전히 남아 있다. 고객을 끊임없이 유지하는 것이 쉽지 않아서다. 고객 유지를 위한 방법에는 두 가지가 있다. 하나는 고객에게 완벽하게 밀착하는 것이고, 다른 하나는 고객이 다른 기업으로 가는 것을 막을 장치를 만드는 것이다. 전자를 '고객 밀착하기(customer lock-on)'라고 하고 후자를 '고객 가두기(customer lock-in)'라고 한다.

고객 밀착하기는 고객이 기업으로부터 멀어지지 않도록 결속을 강화하는 것을 말한다.[4] 아프간 전쟁에서 탈레반 반군들이 미국을 격퇴할 수 있었던 것은 그들이 막강한 화력을 가졌기 때문이 아니다. 세 가지 전략이 미군을 무력화시켰다. 하나는 미군 약 올리기였다. 미군이 화가 머리끝까지 솟을 만큼 약을 올려 무리한 작전을 쓰게 하는 것이다. 또 하나는 미군 겁주기다. 미군이 겁을 먹게 해 사기를 꺾는 방법이다. 마지막은 주민들의 마음이 미군으로부터 멀어지도록 하는 것이었다. 미군이 오인 폭격을 하도록 유도해 민간인들을 살상하도록 하는 방법이 대표적이다. 가장 주효했던 것은 마지막 방법이었다.

비즈니스에서도 마찬가지다. 기업들이 비즈니스를 시작할 때는 사활을 걸고 고객들에게 밀착하려고 한다. 하지만 시간이 지나면서 이 마음에 변화가 생기며 밀착력에 균열이 생긴다. 이 틈을 경쟁사가 치고 들어와 틈을 더 벌리면 비즈니스는 끝이다. 이것을 경계하면서 고객에게 더욱 다가가는 전략이 고객과 밀착하기다.

영국의 기업 중 슈퍼잼(SuperJam)이라는 곳이 있다.[5] 전 세계 2,000여 개의 매장이 있고 1년에 100만 병 이상을 판매하는 글로벌 기업이다. 이곳의 핵심 경쟁력은 설탕이 아닌 과일 농축액을 활용해 단맛을 내는 데 있다. 이것만으로 이 기업이 성공한 것은 아니다. 이곳이 잘하는 것이 있다. 고객 밀착하기다. 이를 위한 몇 가지 장치가 있다. 온라인 커뮤니티 운영이 첫 번째 장치다. 이 커뮤니티 사이트에 들어가면 '슈퍼잼 입점 제안하기'라는 코너가 있다. 지역에 사는 소비자가 자신의 동네에서도 슈퍼잼을 팔아달라고 제안을 하면 회사는 그 지역의 해당 소매점에 사연을 엽서로 알린다. 그리고 상품 입점이 성사되면 제안 고객에게 슈퍼잼을 한 병씩 선물한다.

두 번째 장치는 오프라인 활동이다. 슈퍼잼은 '슈퍼잼 파티'라는 행사를 열고 있다. 이 행사에 지역의 노인들을 초청해 빵과 슈퍼잼을 제공한다. 영국 전역에서 슈퍼잼 파티가 해마다 100여 차례 열리고 있다. 어떤 경우에는 회사가 나서지 않아도 고객 스스로 슈퍼 잼 파티를 열기도 한다. 이럴 경우 회사는 행사 지원에 나선다.

세 번째 장치는 온라인 커뮤니티에 글을 많이 남기고 동네 슈퍼 잼 파티 때 자원봉사를 열심히 해준 사람들 중에서 판매 사원을 뽑 는 것이다. 그들의 열정이 회사를 살려낸다는 취지에서다. 아주 간 단한 아이디어 같지만 고객과 밀착하고자 하는 슈퍼잼의 전략을 볼 수 있다.

고객 가두기는 고객의 이탈을 강제적으로 막는 것을 말한다.[6] 이 전략의 핵심은 고객의 '전환 비용(switching cost)'을 높이는 데에 있 다. 전환 비용이 높아지면 소비자들은 다른 제품이나 서비스로 옮 겨가기 쉽지 않다. 옮겨가는 만큼 비용을 지불해야 하기 때문이다.

소비자에게 전환 비용이 생기는 이유는 세 가지다. 첫 번째는 전 환하는 데 복잡한 절차와 염려가 따르고 새로운 학습이 필요하기 때문이다. 이것을 '절차적 전환 비용(procedural switching cost)'이라 고 한다.[7] 우선 다른 제품이나 서비스로 갈아타려면 이들을 찾아내 는 비용과 시간을 써야 한다. 이것을 '탐색 비용'이라고 부른다. 사 람들은 이것이 싫어 다른 제품으로 잘 갈아타지 않으려는 속성이 있다. 새로운 제품이나 서비스의 불확실성도 소비자 입장에선 지 불해야 하는 비용이다. 기존 제품이나 서비스보다 오히려 품질이 떨어질지도 모른다는 염려 때문이다. 새로운 제품과 서비스를 찾았다 해도 익숙해지기까지 시간이 필요하다. 새로운 스마트폰을 사면 적어도 2~3일은 만지작거려야 기계의 사용법을 터득할 수 있다. 이렇게 지불하는 비용을 '학습 비용'이라 한다. 탐색 비용과 염려 그리고 학습 비용까지, 새로운 제품이나 서비스를 사용하는 데는 그만큼의 절차적 비용이 발생하게 된다.

두 번째는 '재무적 전환 비용(financial switching cost)'이다.[8] 다른 제품이나 서비스를 이용하게 되면 손실을 입게 만드는 것을 말한다. 니콘 카메라의 렌즈와 캐논 카메라의 렌즈는 서로 호환되지 않는다. 고급 카메라의 전형인 DSLR 카메라의 경우 보통 두세 개 이상의 렌즈를 구매해야 한다. 하지만 니콘 카메라를 구입한 사람은 반드시 니콘사의 렌즈만 사야 한다. 특정 회사의 카메라를 샀다면 신제품에서도 그 회사의 제품을 살 가능성이 60퍼센트 이상이라고 한다. 다른 회사의 제품을 사면 이미 구입한 수십만 원짜리 렌즈가 무용지물이 되기 때문이다. 이것을 '매몰 비용(sunk cost)'이라고 한다.

재무적 전환 비용을 높임으로써 고객의 이탈을 막는 방법은 서비스업에서도 활용된다. 값을 미리 깎아준 다음 고객이 다른 업체로 가게 되면 비용을 물게 하는 식이다. 현대카드가 M카드를 선보이면서 이 방법을 썼다. 만약 소비자가 현대카드로 현대기아차의 자동차를 사면 20만~50만 원쯤 깎아준다. 하지만 이것은 공짜가 아니다. 이런 서비스를 받은 소비자는 현대카드를 3년 이상 사용해야 하기 때문이다. 이 기간 동안 소비자는 현대카드의 충실한 고객이 될 수밖에 없다. 동일한 방법을 이동통신사들도 쓴다. 휴대전화의 기계값을 파격적으로 할인해주는 대신 일정 기간 동안 다른 통신사로 이동할 수 없게 한다. 그래도 이동하려는 고객에게는 위약금을 물린다.

'관계적 전환 비용(relational switching cost)'도 있다.[9] 다른 제품이나 서비스의 이용으로 다른 사람들과의 관계에 손실이 발생하는 것을 말한다. 한국의 통신사들은 가족을 묶어 통신 요금을 할인해준다. 그러다 보니 대체로 가족이 특정 통신사에 묶여 있는 경우가 많다. 이렇게 되면 가족의 누구든 다른 통신사의 서비스를 받기 어렵다. 자신에 의해 가족 할인이 사라지기 때문이다.

하지만 '고객 가두기' 방식은 부작용이 있다. 고객을 강제로 잡아두기만 하고 필요한 즐거움을 제공하지 못하면 고객은 자신이 볼모로 잡혔다는 사실을 깨닫게 된다. 이렇게 되면 고객이 고통을 느끼는 부작용이 나타날 수 있다.

멤버십 서비스에서 그런 일이 일어날 수 있다. 피트니스 업계에서는 한두 달이 아닌 1년의 장기 회원이 되면 가격 할인의 혜택을 준다. 그래서 장기 회원을 선택하는 사람들이 많다. 문제는 피치 못할 사정으로 계약을 중도에 포기해야 하는 경우다. 이때 고객에게 적절히 대처하지 못하면 고객과 분쟁이 생기게 된다. 이것이 결과적으로는 기업의 성패에 악영향을 미칠 수 있다. 그래서 고객 가두기 전략은 반드시 고객 밀착하기 전략과 동시에 사용돼야 한다.

*

이제 글을 마무리하려고 한다. 이 책은 화장품 로드숍의 흥망에 대한 이야기에서 시작해, 비즈니스 성공을 위해 비춰 봐야 할 네 가지 거울(비즈니스의 네 가지 모델)과 비즈니스의 외적·내적 정합성 및 선순환구조의 중요성, 그리고 새로운 비즈니스를 개척하기 위해 알아야 할 내용에 대한 이야기로 길게 이어졌다.

이 책은 비즈니스의 어려움은 경영의 실수에서 비롯된다는 시각을 가지고 있다. 실수를 줄이기 위해서는 이것을 비춰 볼 수 있고 또 개선할 수 있는 실행 방법들을 알아야 한다. 이것을 제공하는 것을 목표로 이 책이 쓰였다.

KEY TAKEAWAYS

1. 비즈니스는 고객 찾기와 고객 유지하기에서 승패가 난다.

2. 고객을 찾기 위해서는 개발된 제품이나 서비스를 효율적으로 노출시킬 수 있는 경로를 찾는 것이 중요하다.

3. 고객을 유지하는 방법으로는 '고객 밀착하기'와 '고객 가두기' 두 가지가 있다. 고객 밀착하기는 고객과 틈이 벌어지지 않도록 하는 것을 말한다. 고객 가두기는 고객의 전환 비용을 높이는 것을 말한다. 두 가지 전략이 동시에 구사될 때 고객을 효과적으로 유지할 수 있다.

제1장 실수와 실패를 구분하라

1 "코로나 여파에 사라진 화장품 로드숍…전성기 대비 '반토막'" (2021. 4. 4). 《연합뉴스》. 〈https://www.yna.co.kr/view/AKR20210402162000030〉.

2 "[빛바랜 日 제조업] '간판 내리고, 옷 바꿔입고'…변화하는 일본 대표 전자기업" (2021. 4. 15). 《아주경제》. 〈https://www.ajunews.com/view/20210414071121082〉.

3 "日 파나소닉, TV사업 줄인다…중소형 TV 中 기업에 위탁" (2021. 4. 30). 《아시아경제》. 〈https://www.asiae.co.kr/article/ 2021043013574835350〉.

4 이하 버버리 사례는 이홍 (2013). 《비즈니스의 맥》. 서울: 삼성글로벌리서치 참조.

5 "'글로벌 대변혁기, 혁신 못하면 휘청'…대기업들 동맹까지 맺는다" (2021. 9. 30). 《조선일보》. 〈https://www.chosun.com/economy/industry-company/2021/09/30/VFRHBLKVGFBRHC34CZ5RVRZPGY/〉.

6 이하 삼립식품과 샤니 사례는 이홍 (2013). 앞의 책 참조.

제2장 비즈니스 모델의 정합성을 파악하라

1 비즈니스 모델을 설명하는 다양한 접근법이 있다. Johnson 등은 고객가치제안, 이윤 공식, 핵심자원, 핵심 프로세스를 비즈니스 모델의 핵심 영역으로 제시했고 (Johnson, M. W., Christensen, C. M. & Kagermann, H. (2008). Reinventing Your Business Model. *Harvard Business Review*. 86(12), 50–59). Chesbrough는 가치제안, 목표시장, 가치사슬, 수익 메커니즘, 가치 메커니즘, 경쟁전략을 비즈니스 모델의 하위 영역으로 제시했다(Chesbrough, H. (2007). Business Model Innovation: It's Not Just About Technology Anymore, *Strategy and Leadership*. 35(6), 12–17). Osterwalder & Pigneur는 고객관계,

고객계층, 가치제안, 채널, 핵심활동, 핵심자원, 핵심파트너, 비용구조, 수익흐름
의 아홉 가지 영역을 비즈니스 모델의 영역으로 제시했다(Alex Osterwalder, A.
& Pigneur, Y. (2009). *Business Model Generation*, Hoboken. New Jersey:
John Wiley & Sons, Inc.). 본서에서는 이들 연구들을 기초로 고객관계, 가치생
성, 비용 및 수익의 네 가지 모델을 비즈니스 모델의 핵심 영역으로 제시한다. 이
들 영역은 각기 세부적인 구성 모듈을 가지게 된다.

2 "[유통 흑역사] 맨손으로 '웅진' 재계 30위 신화, 윤석금 회장의 몰락" (2021. 5.
31). 《뉴스웨이》. 〈http://www.newsway.co.kr/news/view?ud= 202105310
8353400568〉.

제3장 **고객의 즐거움과 고통을 알라**

1 "최초의 상공형 휴게소, 내린천휴게소의 비극" (2022. 4. 10). 《오마이뉴스》.
〈https://www.ohmynews.com/NWS_Web/Series/series_premium_
pg.aspx?CNTN_CD=A0002824295&CMPT_CD〉.

2 이하 까르푸 사례는 이홍 (2013). 앞의 책 참조.

3 조시 라이보비츠 (2011. 1). "매장 영업력이 고객을 사로잡는다". 《동아비즈니스
리뷰》. 〈https://dbr.donga.com/article/view/1401/article_no/3513/ac/%20
magazine〉.

4 "매장 직원 관심 부담스러워…소비자 80% '조용한 쇼핑' 원해" (2018. 7. 14). 《중
앙일보》. 〈https://www.joongang.co.kr/article/22801098#home〉.

5 이하 피드백과 피드포워드에 관해서는 이홍 (2013). 앞의 책 참조.

6 이하 덴탈프로 사례는 이홍 (2013). 앞의 책 참조.

7 이하 쿠쿠 사례는 이홍 (2013). 앞의 책 참조.

8 "롯데홈쇼핑, 고객 모니터링 평가단 4기 모집" (2021. 7. 27). 《이코노믹 리뷰》.
〈http://www.econovill.com/news/articleView.html?idxno=542379〉.

9 이하 레고 사례는 이홍 (2013). 앞의 책 참조.

제4장 **기업만의 킬러역량을 갖추라**

1 이하 동진볼트 사례는 이홍 (2013). 앞의 책 참조.

2 이하 BMW 사례는 이홍 (2013). 앞의 책 참조.

3 이하 아마존 사례는 이홍 (2013). 앞의 책 참조.

4 "주문·생산·진열 이틀 만에…이랜드 속도경영" (2022. 5. 2). 《매일경제》.
   〈https://www.mk.co.kr/news/business/view/2022/05/390017〉.

5 이하 시멕스 사례는 이홍 (2013). 앞의 책 참조.

6 "세계에서 가장 혁신적인 기업 '와비파커'의 성공비결은" (2019. 5. 31). 《아시아경
   제》. 〈https://www.asiae.co.kr/article/2019053016180823704〉.

7 이하 협성종합건업 사례는 이홍 (2013). 앞의 책 참조.

8 이하 리앤펑 사례는 이홍 (2013). 앞의 책 참조.

9 "편의점서 픽업하고, 브랜드에 되팔고… 중고거래의 진화" (2022. 4. 4). 《조선
   일보》. 〈https://www.chosun.com/economy/market_trend/2022/ 04/01/
   QEGXKKNSBJF6BHCXRVTGTOGZRY/〉.

10 이하 성찰과 기회탐색에 관해서는 이홍 (2013). 앞의 책 참조.

11 이하 헨켈 사례는 이홍 (2013). 앞의 책 참조.

12 이하 아마존 킨들 사례는 이홍 (2013). 앞의 책 참조.

제5장 배에 구멍을 뚫지 말라

1 이하 비용에 관해서는 이홍 (2013). 앞의 책 참조.

2 김양희 (2010. 2. 25). "도요타 리콜사태의 발생원인과 교훈". 대외경제정책연구
   원. 〈https://www.kiep.go.kr/galleryDownload.es?bid=0003&list_no=3128
   &seq=1〉.

3 이하 인앤아웃버거 사례는 이홍 (2013). 앞의 책 참조.

4 이하 통신 업계 사례는 이홍 (2013). 앞의 책 참조.

5 이하 관리 프로세스와 비용에 관해서는 이홍 (2013). 앞의 책 참조.

6 이하 GM 사례는 이홍 (2013). 앞의 책 참조.

7 이하 카드 업계 사례는 이홍 (2013). 앞의 책 참조.

8 "[미니경제] 테슬라 가장 큰 리스크 #머스크리스크" (2022. 12. 26). 《한경》.
   〈http://newslabit.hankyung.com/article/202212236669G〉.

9 이하 브리티시 페트롤리엄 사례는 이홍 (2013). 앞의 책 참조.

제6장 지속 가능한 방법으로 돈을 벌라

1 이하 맥도날드 사례는 이홍 (2013). 앞의 책 참조.

2 "팬데믹 시대, 창고형 매장 '코스트코'에 사람 더 몰린다" (2022. 1. 10). 《주간동아》. 〈https://weekly.donga.com/3/search/11/3130432/1/〉.

3 "BTS 덕분에 맥도날드 글로벌 매출 '껑충'…41%↑" (2021. 7. 28). 《연합뉴스》. 〈https://www.yna.co.kr/view/AKR20210728171900072〉.

4 김동우 (2019. 7. 8). "Amazon Lending, 빅데이터를 이용한 비금융업의 기업금융 진출". KB지식비타민. KB경영연구소. 〈https://www.kbfg.com/kbresearch/vitamin/reportView.do?vitaminId=1003812〉.

5 이하 전가수익(전가적 수익)에 관해서는 이홍 (2013). 앞의 책 참조.

6 이하 블록버스터 사례는 이홍 (2013). 앞의 책 참조.

7 "'열선 시트 쓰려면 돈 내라고?'…BMW에 뿔난 소비자들" (2022. 7. 13). 《한경》. 〈https://www.hankyung.com/economy/article/202207134767g〉.

8 "탈퇴 점주 자살까지 몰고 간 미스터피자 '갑질'" (2017. 6. 25). 《국민일보》. 〈https://m.kmib.co.kr/view.asp?arcid=0011567040〉.

9 "카앤피플 '자동차와사람', 가맹점주에게 물품 강제구매토록 '갑질'" (2021. 5. 9). 《데일리안》. 〈https://m.dailian.co.kr/news/view/989430〉.

10 이하 블록버스터와 넷플릭스 사례는 이홍 (2013). 앞의 책 참조.

제7장 비즈니스의 밸런스 게임

1 "쓱 쳐다만 봐도 몰카 '찰칵'…'스마트 글라스' 9년 전엔 왜 실패했나" (2021. 10. 10). 《머니 투데이》. 〈https://m.mt.co.kr/renew/view_amp.html?no=2021100816134674210〉.

2 [영상] '안경 쓰면 번역도 OK'…샤오미도 '스마트 글래스' 경쟁" (2021. 9. 15). 《아이뉴스 24》. 〈http://www.inews24.com/view/1404787〉.

3 이하 베네통 사례는 이홍 (2013). 앞의 책 참조.

4 이하 까르푸 사례는 이홍 (2013). 앞의 책 참조.

5 키큰기린 (2021. 5. 23). "망한 회사에는 이유가 있다─팬택은 왜 망했을까?". 브런치스토리. 〈https://brunch.co.kr/@tallgilin/6〉.

6 이하 GM 사례는 이홍 (2013). 앞의 책 참조.

7 이하 휴맥스 사례는 이홍 (2013). 앞의 책 참조.

제8장 기업을 망하게 하는 역순환의 함정

1 이하 노키아 사례는 이홍 (2013). 앞의 책 참조.

2 이하 LG카드 사례는 이홍 (2013). 앞의 책 참조.

3 "라임펀드 계기로 본 100년째 반복되는 '폰지 사기'" (2020. 3. 2). 《한겨레》. 〈https://www.hani.co.kr/arti/economy/finance/930536.html〉.

제9장 비즈니스 선순환 설계, 이렇게 한다

1 코스트코 홈페이지. "협력 업체 동반성장 지원 프로그램". 〈https://www.costco.co.kr/vendor/Win-Win-Partnership〉.

제10장 새로운 비즈니스 단서, 어디서 얻는가?

1 이하 빙그레, 삼양라면 사례는 이홍 (2013). 앞의 책 참조.

2 "[장수브랜드 탄생비화] K-푸드 아이콘이 된 '불닭볶음면'" (2022. 4. 17). 《NEWSIS》. 〈https://mobile.newsis.com/view.html?ar_id= NISX20220415_0001834542〉.

3 이하 하드록공업 사례는 이홍 (2013). 앞의 책 참조.

4 "아마존도 복제 못하는 쇼피파이의 해자 '파트너십'" (2021. 3. 5). 《TTimes》. 〈https://www.ttimes.co.kr/article/ 2021030414477761604〉.

5 권혁태 (2021. 3). "'Iot+암호화' 3세대 스마트록 시장 주도". 《동아비즈니스리뷰》. 〈https://dbr.donga.com/article/view/1202/article_no/9968〉.

6 이하 효성그룹 사례는 이홍 (2013). 앞의 책 참조.

7 이하 후지필름 사례는 이홍 (2013). 앞의 책 참조.

8 이하 3M 사례는 이홍 (2013). 앞의 책 참조.

9 "[미국 주식] 플래닛 피트니스 피자와 베이글을 주는 헬스장" (2020. 5. 7). 세상의 다양한 주식. 〈https://overseasmarket.tistory.com/82〉.

10 "[미래 모빌리티] 테슬라, 원가절감 '마의 영역' 넘어서다…매출원가율 70.9%"

(2022. 4. 28). 《아주경제》. 〈https://www.ajunews.com/view/ 20220428101
429919〉.

11 이하 쎌바이오텍 사례는 이홍 (2013). 앞의 책 참조.

제11장 비즈니스를 찾을 때 무엇에 주의해야 하는가?

1 이하 헤라이우스 사례는 이홍 (2013). 앞의 책 참조.

2 이하 후지필름 사례는 이홍 (2013). 앞의 책 참조.

3 "아마존도 복제 못하는 쇼피파이의 해자 '파트너십'" (2021. 3. 5). 《TTimes》.
〈https://www.ttimes.co.kr/article/2021030414477761604〉.

4 "성공신화 쓴 CJ '비비고 만두', 출시 9년 만에 누적 매출 5조 돌파" (2022. 7. 4).
《이투데이》. 〈https://www.etoday.co.kr/news/view/2149963〉.

5 이하 3D 기술 사례는 이홍 (2013). 앞의 책 참조.

6 이하 소니 사례는 이홍 (2013). 앞의 책 참조.

7 이하 신기술로 시장에 진입하기 위한 타이밍에 관해서는 이홍 (2013). 앞의 책 참조.

8 이하 드럭스토어 사례는 이홍 (2013). 앞의 책 참조.

제12장 고객, 어떻게 확보할 것인가?

1 "[1등의 품격] 주부들 불편 딱 하나 바꿨을 뿐인데…홈쇼핑 1시간 만에 1만 2000
개 '불티'" (2019. 3. 30). 《한경》. 〈https://www.hankyung.com/economy/article/
201903290553g〉.

2 이하 화요 사례는 이홍 (2013). 앞의 책 참조.

3 이하 한국후지필름 사례는 이홍 (2013). 앞의 책 참조.

4 이하 고객 밀착하기에 관해서는 이홍 (2013). 앞의 책 참조.

5 이하 슈퍼잼 사례는 이홍 (2013). 앞의 책 참조.

6 이하 고객 가두기에 관해서는 이홍 (2013). 앞의 책 참조.

7 이하 절차적 전환 비용에 관해서는 이홍 (2013). 앞의 책 참조.

8 이하 재무적 전환 비용에 관해서는 이홍 (2013). 앞의 책 참조.

9 이하 관계적 전환 비용에 관해서는 이홍 (2013). 앞의 책 참조.